书山有路勤为径，优质资源伴你行
注册世纪波学院会员，享精品图书增值服务

王洪君（克克）著

管理 OKR 共创式

OBJECTIVES
AND KEY RESULTS

电子工业出版社.
Publishing House of Electronics Industry
北京 · BEIJING

图书在版编目（CIP）数据

共创式 OKR 管理 / 王洪君著. —北京：电子工业出版社，2020.10

ISBN 978-7-121-39655-7

Ⅰ. ①共… Ⅱ. ①王… Ⅲ. ①企业管理 Ⅳ. ①F272

中国版本图书馆 CIP 数据核字（2020）第 180193 号

责任编辑：杨洪军　　　　特约编辑：田学清
印　　刷：北京捷迅佳彩印刷有限公司
装　　订：北京捷迅佳彩印刷有限公司
出版发行：电子工业出版社
　　　　　北京市海淀区万寿路 173 信箱　　　　邮编 100036
开　　本：720×1000　　1/16　　印张：12.5　　字数：186 千字
版　　次：2020 年 10 月第 1 版
印　　次：2025 年 11 月第 12 次印刷
定　　价：55.00 元

凡所购买电子工业出版社图书有缺损问题，请向购买书店调换。若书店售缺，请与本社发行部联系，联系及邮购电话：（010）88254888，88258888。

质量投诉请发邮件至 zlts@phei.com.cn，盗版侵权举报请发邮件至 dbqq@phei.com.cn。

本书咨询联系方式：（010）88254199，sjb@phei.com.cn。

推荐序一

——揭开有效实施 OKR 的神秘面纱

自发向同一个目标前进的命题

在我多年的组织发展引导工作中，常见的组织挑战之一，是如何让大家统一思想，自发向同一个目标迈进。这个命题牵涉到实际的方法论。一直以来在传统金字塔式的组织运作模式之下，目标是被层层传达下来的。如果追问大家目标是如何得来的，往往回应是管理者决定的。而目标如何被拆解到各个岗位呢？它也可能是各级管理者派发下来的。在这样的前提条件之下，很难看到组织中自发向同一个目标迈进的现象，而往往是本位主义，协调困难。这导致大家各自努力完成自己被赋予的目标，最终组织还是没有办法达成整体的成功，其中的差距在何处呢？

差距在于组织中的参与

差距在于如何做到各个环节的参与。在引导的领域上，我们可以将参与分成三个程度。

- 高度参与。每位参与者在相关会议上都有某种影响决策/最终成果的权力，就议题的内涵共同讨论达成如何行动的决议。

- 中度参与。其含义是讨论的主题还未完全确定，而这次会议的目的是广泛收集建议/意见，给决策者提供决策依据。

- 低度参与。参与者只需要接收信息的输入，因为相关主题不会因讨论而改变内容的本质。

通常情况下，人们一般会支持他所参与创造的事物。如果全员对组织的目标与行动是高度参与，组织就能够获得最好的支持。若员工对组织所有与目标相关的讨论与会议都是低度参与或中度参与，员工对目标的支持与关注程度如何就不言而喻了。

参与需要方法

团队的参与是有方法的，而引导就是参与的方法。当有效方法论广为流传之后，组织获益而得到的绩效成果，就成了引导这个领域越来越受到重视的原因。国际引导者协会（the International Association of Facilitators, IAF），除了传播参与的方法，还强调参与要发挥力量，真正在组织的绩效上看到成果。因此，近年来设立了国际引导影响力金奖（Facilitation Impact Awards, FIA），让运用引导的组织能在实践出绩效成果之后成为优秀案例分享者。我的团队有幸赢得 2018 年的 FIA，该获奖案例也是客户组织充分运用参与的力量，将愿景目标转化为行动，最终呈现组织蜕变式的成长与绩效的故事。

场景化的专业结合引导

引导者带来参与的方法与过程，其角色是中立的。但若引导者对个别场景有深入的引导经验，那么他的独到见解能将这类场景的引导工作做得更聚焦。例如，联想的复盘方法在结合引导之后，就能够在各个重要环节用对参与的方式并且问出真正需要的问题。而要做到对某场景中的引导拥有独到见解，就必须到实践中去。

本书为场景化引导的典范

王洪君先生在德鲁克管理思想领域深耕多年，对目标管理有着独到见解。在学习及应用引导之后，他将群策群力的力量结合 OKR 的最新方法论，在实践领域中通过本书做出卓越的贡献，是引导场景化努力的典范。

从作者阐述写书的初衷、区分 OKR/KPI 的关系以及应用场景中的相关案例中，我们能看到他孜孜不倦的用心。虽然 OKR 的内容很多，但作者用两章的篇幅（第 1 篇）将其精髓深入浅出地进行了介绍。后面四章（第 2 篇）对于 OKR 推动的过程如何实践，给出了独到见解，即 OKR-C-TODO 模型。专业引导者的养成需要时间学习量身定做的设计。这个模型因为简化了步骤并指定了参与形式，并且说明了详细的操作过程，所以可以让需要立刻做 OKR 共创的管理者在操作上有迹可循，降低了对其引导技能的要求。除此之外，最后三章（第 3 篇）将应用的范围又延伸到管理者的角色，能够凸显 OKR 引导场景之后，管理者该做的日常跟进以及提示的工作重点。本书俨然是一本组织内部推广并使用 OKR 时必备的工具书。

区分战略性管理和运营性管理

区分战略性管理和运营性管理，是本书作者观察的亮点之一，这在企业变革中特别重要。组织在战略上的变革，常被比喻为"飞机在飞的时候还得升级引擎"。组织要能够区分战略性管理和运营性管理的工作。实际上，结合战略性管理的部分工作，即从参与式的战略规划开始，若组织有引导者的协助以及懂得如何应用 OKR，则可以落地见效。如果不清楚这个区分，或者没有做好规划，组织就会遇到常见的落地挑战。因为组织角色的定位是围绕运营性管理来开展的，战略性管理因为变革而生成的行动，并无法预先被定义到工作的角色与责任中，更别提在绩效制度中被确定。这往往是考验组织灵活度的地方。关于如何开启组织内人员的能动性等组织发展的前沿研究，读者可以进一步学习"进化组织"中的"青色组织"。

组织文化关乎能否实现 OKR 的精神

OKR 被广为人知的故事，是在英特尔推动征服行动时运用 OKR 的成果。当时，安迪·格鲁夫总是鼓励员工向管理层反映问题。甚至，前线工程师可以直接告诉主管："你们这些人，根本不明白市场现况。"这样的信息不仅在公司内能够被接收，两周内公司由上到下因此重新调整了步伐，而且所有人都认为举报者说得对，应该改变做法。这种能让公司所有人觉得自己可以畅所欲言而且不会因此受到惩罚的文化，才有可能让 OKR 的敏捷度大幅提升。

作者也在本书中提出，若要确保 OKR 在实施过程中的目标一直都是明确的，就要有迭代。但是等到月会时才发现目标不够明确，往往已经来不及。作者提到的"三只青蛙日会法"，就是要让团队成员能够提出"我认为，我们的 OKR 有必要迭代"。

要使这种行为出现，就要确保组织能够形成畅所欲言的文化。这样的文化需要管理者有开阔的心胸，他们不仅要管理运营，还要领导变革。而在现实中往往有太多管理者没有足够的领导力。

由单方控制迈向双向学习的文化

相对于传统的"命令与控制"的方式，若组织想要转向"感知与响应"，就要营造"双向学习"的文化。也就是说，智慧可能隐藏在任何一个团队成员中，而不是存在团队管理者一个人的头脑中。要促成组织学习和改变的速度与灵敏度，关键在于管理者的心态需要大幅度的转变。

从做中调整，从内功发力

本书中这些有效实施 OKR 的方法，都是从做的层面来告诉读者要如何营造参与的文化的。作者颇费心思地将流程与步骤整理出最容易上手的版本。读者照此版本操作就能得到一定的成果，更能慢慢体悟出它蕴含的道理。因为真正的力量来自内功的修炼，也就是说，心态是否坦诚，价值观是否能得到尊重。这是影响方法最终是否有效的关键。

许逸臻 Laura Hsu [CPF｜M／CToPF]

开放智慧（Open Quest）引导科技股份有限公司/

上海睿问企业管理咨询有限公司的创始人之一

国际引导者协会认证的大师级专业引导师以及评审

（IAF Certified© Professional Facilitator｜Master/Assessor）

2018 年国际引导影响力金奖得主

推 荐 序 二

——OKR 共创实操的利器

认识克克老师是在 2016 年，当时他为我们公司的管理者提供"高绩效团队"的培训。在其提供的高绩效团队模型中就有"共同目标"这个核心元素。

美国著名管理学家乔尔·罗斯（Joel Ross）和迈克尔·卡米（Michael Kami）说过："没有战略的企业，就像一艘没有舵的船，只会在原地转圈，也像流浪汉一样无家可归。"战略是达成企业目标的方法和手段，战略需要用中基层管理者可以理解的目标描述，以及可执行的行动计划进行落实。当下，OKR 无疑是很有力的工具之一。

在与克克老师探讨如何制定我们公司的 OKR 时，我发现如果缺乏战略澄清和共同理解，OKR 的设定还是很有难度的，尤其是设定公司层面的 OKR，难度会更大。所以，我们的管理者发展项目启动是以"公司战略共识"为前提的。

经过两天工作坊的研讨，我们公司为 2020 年定下了"六大核心战略举措"。以此为基础，我们组织了 OKR 研讨工作坊，设定了公司级以及部门级 OKR，并进一步延伸至个人 OKR。在后续进行的管理测评中，在使命愿景、战略管理、目标设定、结构机制、文化氛围、人才发展、领导行为等七个方面，战略管理和目标设定得到了所有管理者良好的评价，这显然是前面研讨的成果。我们公司是创业型企业，我的体会是，越是创业型企业，对于战略目标的明确与共识就越发重要。要通过战略和目标的设定来将有限的资源聚焦到关键产出上，以取得资源最大化的有效利用。

在这次工作坊中，克克老师运用他在这本书中的核心方法论——"OKR-C-TODO"，并结合"ME-WE-ALL"将我们团队的框架真正打开，不仅激发了大家的经验、智慧和潜能，让彼此之间进行了真正的对话，甚至公开而激烈的"争论"，，而且使彼此的想法有效地聚焦和收敛，让全体成员感受到"对话"和"同频"的重要性，让"池塘"里的水"浑浊"起来，使"浓度"趋于一致，从而达成"共振"的效果。在组织中特别担心的是，一个"池塘"中有很多隐形的"小池塘"。结合引导技术，运用 OKR-C-TODO，就能很好地达成这一目的，使上下同欲、聚焦关键、左右联动。

在实践中，我还发现，两个部门之间如果有相关联的 OKR，他们之间的对齐和联动就非常重要。在以往的目标自我设定、彼此封闭的条件下，双方都打开大门，邀请对方参与自己目标的设定和修改似乎是不可能的，而在 OKR 的理念和框架下，这成了现实。克克老师帮助我们相关联的部门彼此协同各自的 OKR，以避免重复劳动。

这本书的特点是把 OKR 的设定进行了模块化拆解，不用深度掌握引导技巧，甚至没有学习引导的人，都可以按照书中的步骤带领团队成员或者（内部）客户，进行 OKR 的设定。所以这本书适合团队的管理者、组织内部 OKR 的推动者、OKR 的引导师或者培训师阅读。

不仅如此，本书将 OKR 的设定分成 OKR 设定、挑战分析和行动计划，其中核心的方法论和工具是克克老师多年咨询、培训和引导经验的集成。同时，书中对于 OKR 后续的跟进、迭代和复盘给出了共创的方式。难能可贵的是，绩效评估部分也给出了极为落地的方法和工具。

很多企业都想用 OKR，很多 HR 也想在组织内部推广 OKR。OKR 的理念很好，动人的例子也很多，但如何给到切实可行的工具和方法，帮助管理者以及团队设定 OKR，这是个难题。如果弄不好，就又成了各级管理者个人的工作。本书共创式的理念和方法论的落地，极大地解决了这个问题。同时，我的体验是，它不仅解决了目标设定、OKR 推行的问题，更调动了成员参与管理、向上管理、横向管理和自我管理的问题，即当下 VUCA 时代大家所提倡的"自组织"这个话题。

自组织不是让团队自由组织，而是管理出来的，是需要机制和方法论的。任何组织如果没有合适的管理，最终都会走向混乱，这是"熵增"原理在管理中的真切体现。而如何让团队进行自我管理，也正是本书所提倡的，并且给予了原则和工具。例如，其中的三个重要管理原则——闭环沟通、结果导向和聚焦关键。

这本书让我印象深刻的观点有：

- 目标是塑造未来的工具，要以思考外部和未来为主。

- 目标本身不是目的，是手段和方法。

- 目标要表达内心的渴望和追求。

- OKR 要描述的不是做什么，也不是如何做，而是要描述达成的结果是什么。

- 管理就是将有限的资源转换为更好的结果的过程。

- 使命解决了我是谁，要做什么；愿景说明了到什么时候，我要成为什么样子；而战略就是如何实现愿景、达成使命；OKR 则是做什么、怎么做才能对战略有贡献，进而完成愿景和使命。

- 只有完成向上、向外、向未来的思考，才能设定好的 OKR。

- 抓过程不仅是抓任务的进展和质量，这仅仅是目的的 1/4。

在这本书中我觉得简单有效的工具有：

- OKR 设定的核心方法论——OKR-C-TODO。

- OKR 共创基础工具——ME-WE-ALL。

- KR 共创七步法。

- OKR 根因分析 5WHY 法。

- OKR 跟进的"三只青蛙工作法"。

- 总结复盘的 MORID。

- 管理者四级角色：绩效达成者、机制规范者、人才发展者、文化塑造者。

- 绩效评估的一张白纸法。

我是这本书的实践者，更是这本书的受益者。非常推荐这本书，即便你不实践 OKR，把它当成一本用来指导实际管理的书，也非常合适。

朱莉娅

趣链科技 HRD

前　言

本书写给谁

本书写给对 OKR（Objectives and Key Results，目标与关键结果）有基本认知、想要具体实践的管理者；组织团队内部培训 OKR、深入团队具体实操的推行者；进行 OKR 引导和培训的引导者、讲师或者教练。另外，如果结合群策群力、引导共创的方式，激发团队成员进行 OKR 的研讨和实施，那么本书一定能给团队带来莫大的帮助。同时，如果读者在以下方面存在困惑，那么本书也能帮助读者答疑解惑：

- OKR 与目标管理是什么关系。

- 如何才能设定真正有效的 OKR。

- 如何进行 OKR 的过程管理。

- OKR 如何才能快速迭代。

- 复盘操作如何进行才能简洁、有效。

- OKR 绩效评估为什么总是做不好。

　……

我为什么要写这本书

对于 OKR，人们经常有这样的评论："我们用了 OKR，但也没有取得预期的效果，我认为 OKR 并不适合中国企业。"其实，这不是 OKR 本身的问题，而是对 OKR 的理解以及在实践中的应用问题。

如果人们只把 OKR 当成一个"目标设定"或者"绩效管理"的工具来看待,那么 OKR 本身所具有的核心理念就不能得到有效的落实。因此,只有把 OKR 与彼得·德鲁克的"目标管理"进行有机结合,才能得到相对深入系统的诠释和解读。

目前中国企业的实际情况与谷歌、英特尔等企业的实际情况有所不同,大多数中基层管理者的能力还未达到轻松驾驭 OKR 的程度。只在管理者的头脑和概念中对 OKR 进行了很好的理解还不够,还要解决"手"和"脚"的问题,需要用具体实操的方法论来指导 OKR 实践。

另外,OKR 的设定者和执行者在实际操作中依然存在非常多的困惑,我想借此书,就部分关键问题加以探讨。

我为什么能写这本书

1. 理由一

OKR 起源于彼得·德鲁克的"目标管理"。如果人们没有对目标管理进行相对深度的理解,那么 OKR 的推进和执行就很可能会流于形式。长久以来,对彼得·德鲁克"目标管理"的深入学习、相关的咨询及培训经验,令我对这个主题的研究很有信心。

2. 理由二

OKR 的设定应该从业务驱动和绩效达成的视角来思考,而不是从绩效考核、利益分配的角度来切入。这是两个完全不同的切入点,反映了不同人的初衷和目的。前者考虑的是:"我们究竟要设定什么样的目标,才能有效驱动我们的业务呢?"后者则是在想:"设定什么样的目标、奖金如何分配,才能激励员工去努力工作?"本书将着重解决如何设定 OKR、如何达成目标以及复盘评估的问题,绩效考核则不是本书讨论的重点。在使命、愿景、战略咨询和目标设定等方面的实践,给了我经验和洞察力。

3. 理由三

对于 OKR 的设定，组织不能采用传统的做法，即上司设定下属执行或者下属设定上司审批的单向操作。这种单向沟通的模式，不论是自上而下还是自下而上，都是本书方法论所摒弃的。单向沟通的模式已经完全不适合目前组织外部环境的动态性和复杂性，组织必须采用全新的工作模式。全新的工作模式是什么呢？这就是本书所采用的"共创"——以引导的方式来进行工作。关于什么是引导，读者可以参考闫永俊先生和我共同翻译的《结构化研讨——参与式决策操作手册》，或者参考任伟翻译的《引导——团队群策群力的实践指南》。有时，我会借用"共创"这个词来简单指代"引导技术"。从 2014 年起，我经历了多次引导技术学习，先后运用引导技术在使命、愿景、战略、目标、复盘、问题解决、流程改进、行动学习等方面进行了诸多的创造和实践。经过整合引导技术、目标管理和 OKR，我开发了这套共创式 OKR 管理的方法论和工具，无论在传统企业还是在互联网企业都进行了具体的实践验证，均获得了良好的反馈。

这本书写了什么

本书的内容不多，力求精简实用。除了对关键概念的定义和澄清，本书重点给出了 OKR 全流程管理共创式的管理方法，接近操作手册。另外，本书对 OKR 实践者提出的"关键点"和"困惑点"以提问并回答的形式，分享我的个人见解。

OKR 共创的方法论

1. OKR-C-TODO——OKR 核心方法论

- **OKR 目标+关键结果**。对目标进行精准定义的方法，本书正文会详细地解释说明。同时，给出如何设定 OKR 的流程和工具。

- **C（Challenge）挑战**。达成目标可能会遇到至关重要的挑战。如果对此类挑战没有进行深入的分析，那么行动方案的针对性将大打折扣。OKR 难度越大，对其挑战的分析就越重要；挑战分析越彻底，行动计划就越可行，OKR 的结果就越有保障。

- **TODO 核心行动**。TODO 不是指通常意义上完整的行动计划，而是针对 OKR 或关键挑战的核心行动。OKR 的管理者和执行者真正困惑的并不是完整的行动计划，而是实现 OKR 的关键要点如何得出。与其把时间花在制订完整的行动计划上，不如针对关键挑战下一些功夫，找到相应的对策，以达到事半功倍的效果。

2．ME-WE-ALL——共创基础工具

- 在 OKR-C-TODO 的各个步骤上，OKR 的设定、挑战分析、行动计划的得出、周会跟进，以及 OKR 的迭代、最后的复盘，均可以采用共创的方式。这些共创场景中的小工具，都是以 ME-WE-ALL 为蓝本演化得出的，操作简单，容易执行。

- 在 OKR 整个管理过程中，特别需要共创式的、参与式的、群策群力的引导方式。只有这样才可以有效地激发出成员观点，帮助团队提升效率并达成共识，从而使整个团队对 OKR 拥有内在的承诺感，对过程持有积极的参与感，对结果产生真正的价值感。

整体结构上分为三篇

- **第 1 篇 OKR 的概念与方法论**：第 1～2 章。第 1 章什么是 OKR，重点解读 OKR 的精髓和实质，O、KR 的定义、格式以及 OKR 的核心价值；第 2 章 OKR 设定方法论，详细说明 OKR 设定的核心方法论和 OKR 共创基础工具。

- **第 2 篇 OKR 的设定与迭代**：第 3～6 章。第 3 章 OKR 的共创，重

点介绍 OKR 设定的流程和具体操作；第 4 章从 OKR 到挑战分析，谈如何分析挑战并进行根因分析；第 5 章从关键挑战到行动计划，探讨如何从挑战对策导出行动计划；第 6 章 OKR 的跟进与迭代，介绍"三只青蛙工作法"用以进行过程跟进，解释 OKR 迭代三问法来迭代 OKR。

- **第 3 篇 OKR 的管理与评估**：第 7 ~ 9 章。第 7 章 OKR 管理三原则，剖析 OKR 方法论的底层管理逻辑；第 8 章 OKR 管理三阶段，解析在"定目标、抓过程、复结果"三阶段中 OKR 的相关要点；第 9 章 OKR 绩效评估，给出对绩效评估的正确和错误理解，以及真正有效的绩效评估方法和工具。

OKR 关键问题解答

本书共对 55 个关键问题进行了解答，这些问题均选自我的 OKR 培训或者项目辅导。

- 在每章的开头和每节的结尾，均附有与本章或本节内容相关的问题解答，共 35 个问题。
- 在本书附录中，补充回答了其他 20 个问题。

致谢

在此特别感谢我的朋友张伟龙先生、间永俊先生、宋涛先生、季文婷女士、林庆霞女士对本书提出的宝贵建议。最后，向我的夫人于春艳女士表示由衷的谢意，感谢她对我工作的支持，以及对于本书的修改和校正。因编写时间仓促，书中难免有不妥之处，望广大专家和读者批评指正。

目　　录

第 1 篇　OKR 的概念与方法论

第 2 篇　OKR 的设定与迭代

第 3 篇 OKR 的管理与评估

OKR 的概念与方法论

第1章 什么是OKR

在中国，OKR 已经从互联网行业延伸到非互联网行业，从最初理念被接纳到具体的落地实践，OKR 的发展已处于燎原之势的前期。不论是 HR（Human Resource，人力资源）、职能领导，还是业务管理者，如果不了解 OKR，就意味着他们彻底落伍了。如果他们没有实践过 OKR，就不能再声称自己对目标管理、绩效管理很有经验了。OKR 究竟好不好、值不值得用呢？答案是肯定的。互联网企业可以用 OKR；小型企业也可以用 OKR；大型企业、传统企业也可以用 OKR。

对于 OKR 的理解，众说纷纭。有人将 OKR 完全神化，认为 OKR 可以完全摒弃 KPI（Key Performance Indicator，关键绩效指标法）的所有弊病，可以用 OKR 彻底"推翻"KPI。另外，还有人认为，OKR 是一个工具而已，许多企业实践 OKR 并没有表现出显著的改观。

对此，管理者要客观理性地理解 OKR。**在管理学中，根本没有万能的工具。** 再好的工具，也需要技艺高超的工匠来驾驭。如果人们仅仅把 OKR 当作一个新"神器"，而忽略了对 OKR 本质的理解和洞察，忽略了 OKR 的落地实践，忽略了管理者的管理能力和心态建设，那么任何"神器"都不可能发挥出神奇的效果。

本章将通过以下三节内容给出笔者对 OKR 的理解，仅供读者参考。

1.1 OKR 与目标管理：OKR 与目标管理本质的内在关系。

1.2 O、KR 的定义及格式：OKR 的定义，并规范 OKR 的格式写法。

1.3 OKR 四大核心价值：剖析 OKR 特有的四个核心价值。

问题解答

Q1: 组织推行 OKR 成功的关键点是什么？——七个要点

在本质上，OKR 的推行是对组织的目标管理、绩效管理的方式进行全面的植入。OKR 向上承接组织的战略，间接延伸到组织的愿景、使命；OKR 向下连接组织的重点工作、部门协同、绩效管理和考核，甚至影响组织的文化氛围。因此，组织应该从全局视野和变革思维的角度来推行 **OKR**。如果组织在以下七个要点上没有做好，那么 OKR 的推行很有可能半途而废或者"蜻蜓点水"，达不到人们预期的效果。

（1）组织高层对 OKR 有深刻的理解，切实地从行动上予以支持。

（2）组织有专职的内部顾问负责 OKR 推进、培训以及咨询。

（3）组织进行有效的培训，得到外部顾问系统全面的支持。

（4）组织进行有效的 OKR 试点，而不是在组织中同时全面铺开。

（5）组织随时总结经验并将工具和方法适当进行调整，以符合实际情况的需要。

（6）各级管理者应对 OKR 有深度认知并身体力行承担向下辅导成员的责任。

（7）组织有公开透明、勇于担当的组织文化基础。

1.1 OKR 与目标管理

什么是 OKR

OKR 是用来设定目标的工具。它是将传统意义的"目标"概念一分为二，拆解为"目标+关键结果"，以便精准地对"目标"进行定义。笔者认为，这是 OKR 对"目标"定义做出的重大贡献，但没有脱离原有目标管理的精髓。从本质上讲，"**O**"加上"**KR**"**就等同于"目标管理"中"目标**"的概念。在本书的后续章节内容中，我们提到"目标"这个词语，一般是指"目标管理"中"目标"的概念；而 OKR 中的"目标"，一般用英文大写字母 O 来表述。

什么是目标

首先，大家要明确在"目标管理"中"目标"的概念。目标管理起源于彼得·德鲁克的《管理的实践》中"目标管理和自我控制"。当运用目标管理时，管理者不再只是听命于人，而是听命于目标。对于目标的思考和确认，管理者能够以自由人的身份采取行动。

在管理学中，究竟什么是目标？其实，目标展现的内容就是人对未来的期望。人对期望结果进行具体描述，作为组织管理的起点，这就是目标。因此，目标可以定义为"人对未来期望结果的具体描述"。在这个基础上，加上"时间"的概念，目标的定义更加完整，更能体现目标的时限性。

> 目标是当初人对未来期望结果的具体描述。

目标的内涵

1．目标是描述未来的

目标设定的关键是组织要以未来为导向，而不是仅凭过去的数据和经验。在设定目标时，组织要以**外部和未来的思考为主**，关键问题为"客户、市场未来的需要是什么"。组织内部过去的数据和经验仅供参考。组织只依据组织内部过去的数据和经验进行目标设定，实际上这是本末倒置的错误思维方式。

2．目标描述的内容是人所期望的结果

既然目标是期望，就要表达人内心对未来的渴望和追求。因而，目标的重点在于其挑战性，而不是可达成性。米开朗琪罗说："设定目标最大的危险就是设定了一个较低的目标，而且我们实现了；而不是设定了一个较高的目标，我们没有达成。"松下幸之助也曾说："如果你坚持要上二楼，你的热忱会为你找到梯子；如果你只想试试，那么你什么都得不到。"

3．目标是当初设定的

"目标总是以某种预期为基础，而预期也就是一种'有所依据的猜测'。世界没有一刻是静止不动的，时刻都充满了变数。"这是彼得·德鲁克的名言。由此可见，目标是人对未来的"预期"，是基于当初人对外界、自己的

认知而做出关于"未来"的判断。但外界在未来究竟有什么样的发展和变化，个人的未来又会成长为什么样子，在"当初"那个时刻，这一切实际上都是未知的。这意味着，一旦目标设定完成，从下一个时刻起目标的有效性可能逐渐消退，因此后续关于"目标"的修订和迭代就会成为一个关键议题。"目标刻在岩石上，计划写在沙滩上。"这句话充分体现了后续关于"目标"修订和迭代的重点是计划，而不是"目标"本身。除非目标设定的前提条件与原来的判断出现重大偏离，即只有当外界或组织内部发生重大变化和意外时，才会修订"目标"本身。

4. 目标是人塑造未来的工具

目标管理其原意为"通过目标进行管理"。彼得·德鲁克讲过"目标不能决定未来，它们只是一套用来调动各种资源与能力去创造未来的方法"。人想要塑造未来，首先就需要设想未来的愿景、成功的画面，并以此为基础来设定目标、组织资源。而某些没有先例可循、从零开始进行创新的项目，人们对未来的设想可能会比较困难，但这不妨碍人们为这个创新项目去努力，更不妨碍通过持续的设想和迭代让未来逐渐具象、清晰，让目标逐渐具体、明确。彼得·德鲁克在《创新和企业家精神》中提道，要在每一个创新项目中，建立起结果和预期目标进行比较的反馈系统。这一反馈系统可以显示出创新计划的本质和实际努力的可靠性。由此可见，如果没有目标，就失去了实际努力闭环反馈的前提条件，那么未来的成功就纯粹是偶然和走运的事件，这也是很多创新项目失败的原因。总之，项目越创新，风险就越大，需要团队设定目标来进行有效管理。

OKR 的理念切合目标管理的本质内涵

其一，OKR 是基于组织总体战略目标来设定的，甚至需要溯源到组织的愿景和使命，而不是只重视局部和当下。其二，从业务的角度来讲，OKR

推崇设定挑战性目标，不满足于现有的经验和资源，它是真正用来描绘未来和塑造未来的工具。其三、从个人的角度来讲，OKR 的评分机制在人的心理上内置了没有达成目标的不满足感，能够激发人的深层潜能，发挥组织的创造力。

问题解答

Q2：从难易程度来讲，什么是合适的目标？ ——挑战性最重要

本质上，目标是否合适，谁都没有答案。当初是每个人基于各自或者共同对未来的理解来制定的目标。目标设定的关键不在于可达成性，而在于挑战性。

有些人建议设定的目标要让大家有恐惧感和成就感。大部分人认为不达成目标会滋生恐惧感，同时只有难以达成的目标才会给人带来真正的成就感。反之，大部分人认为所设定的目标可以达成，其意味着人是基于过去的数据和经验做出保守的判断。这样的目标在激发人的创新能力和构建新知方面，并不具有目标应有的张力。

目标的挑战性是有实际意义的。目标的挑战性，对绩效达成、人才发展具有不可替代的拉伸和推动作用。如果从奖金分配的角度来思考，谈判的结果是设定一个相对较低的、跳一跳就能达成的目标，如此可以根据衡量的结果来进行奖金分配，这是因为奖金总是要发的。如若这样，在一定程度上就削弱了设定目标的初衷。因此，从这个意义的角度来讲，不存在绝对合适的目标，只存在是否有挑战性的目标，但并不是说人要设定一个完全高不可及的目标。

"求其上，得其中；求其中，得其下。"人想要什么样的结果，需要据此设定相应的目标。人应将目标当作管理的工具，而不是将目标

当作管理的本身。人不能被目标所束缚，而要考虑业务的前景和人的内心对业务做出的判断和期待。这是彼得·德鲁克在"目标设定"上对人们的告诫。

1.2　O、KR 的定义及格式

目前，关于 O、KR 的定义及格式，人们看到有许多不同的做法，但很少以具体而明确的公式给予指导。因此，为了让 OKR 的写法有章可循，笔者给出了如下的解决办法。

O 的写法

O 的典型错误写法

1. 将 O 写得比较大、比较空虚

就以下两个例子进行说明：

（1）人才发展/营业额。

（2）成为公司组织能力的"发动机"。

第一个例子中的 O 似乎在几年内都不需要更改，甚至换成其他不同的组织也完全没有问题。其实，这不是具体的目标，而是目标维度的分类，没有在目标分类的基础上设定出具体的目标。第二个例子中 O 写得太空虚，没有具体说明"人要做什么，达成什么目的"。

2. O 只写了"要做什么"

再如，下面两个例子：

（1）改进评审方式。

（2）"微服务"上线。

O 没有澄清目的，只写了"要做什么"。这样，容易导致一种情况经常发生，即人要做的事情完成了，但其背后的目的没有达到，或者事情的成功与否难以判断或容易发生分歧。同时，对于 KR 的设定，管理者也不能给予成员方向性的指导。

O 的格式写法

既然是目标，就一定要相对准确地表达目的和期望的结果。如果人能对自己要采取的动作有所概括，那么目标就更完美了。基于上述介绍，笔者建议 O 的格式写法为：

O 是"做……达成……"。

O 的表述分为两个部分：**前者表明为达成后者要做的事情是什么、要采取的动作是什么；后者为目的和期望的结果。**前者可以用不同的动词来引领，如实施、完成、进行、安装、改进、增加、设定等，而后者一般为不同的名词，往往与"多、快、好、省、易、新"等形容词关联。

这样，上述例子可以改进为：

- 实施中层管理者发展项目，重点提升其目标设定和绩效评估的能力；

- 改进评审方式，使因评审质量低导致项目延迟的比例减少 30%；

- 公司第一个"微服务"平台上线，提升客户的体验感。

另外，如果在 O 中加上时间要素，就更完美了。这样，目标就包含了 **3 个核心要素**：

（1）做什么。

（2）为什么做。

（3）什么时间完成。

按照上述 3 个核心要素，再举 3 个例子，如：

（1）10 月底完成 A 产品开发工作，A 产品成为 B 产品的升级产品。

（2）第 2 季度末完成 B 产品生产线的改造，其生产效率提升 25%。

（3）3 月份末招聘 2 名高级工程师，增强 C 团队的产品快速迭代能力，期待两个月后迭代周期降低 30%。

需要注意的是，有时如果关于"做什么"不能在 O 的表述中有效地概括，就可以将其省略。例如，销售额为 5000 万元，这里的"做什么"的关键动作可能有维护老客户关系、开拓新市场、开发新产品、拓展营销渠道等，这么多动作似乎在目标中难以很好地体现，弄不好还会"挂一漏万"。这时，保留"时间+目的"即可，这两个要素无论如何都不能再省略。那么，"做什么"往往体现在 KR 的写法之中。

KR 的写法

KR 典型错误写法

1. 用行动来替代 KR

行动只能体现"做什么",而不能体现"目标",行动是达成目标的手段。如果人用手段来替代"目标",则很容易造成行动完成了,但目标没有达成的现象。

2. 用"里程碑"来替代 KR

如果人把 KR 写成在过程中的产出和结果,那么这样也会失去 KR 的意义。这是因为过程指标是不能替代结果指标的。似乎有一种情境,即完全创新项目,对于未来是什么、要的结果是什么、如何评价成功,暂时不能确定,这时可以暂用"里程碑"来替代 KR。但是在后续工作中,大家一定要利用每次 OKR 迭代的时机,持续不断地对 KR 的重新定义和迭代。如果在后续工作中还不能确定 KR,那么大家要思考"我们在做什么?我们目的是什么?"必要时,需要将行动暂停下来,大家共同探讨清楚 KR,再行出发。

KR 的格式写法

KR 是关键结果,是目标达成的判断依据和标准。换言之,未来人们可以用哪些关键结果来判断目标是否成功达成。这样,笔者建议 KR 的格式写法为:

KR 是以名词或者名词性短语为核心的判断标准。

这样的描述能量化的则量化，不能量化的则要描述具体，以确保最终人可以明确判断结果达成与否。KR 可以从正面定义，如客户满意度达 99%；也可以从反面描述，如零投诉。

人们不需要描述所有的 KR，只要求描述关键的 3 ~ 5 个 KR 即可。这样的少数 KR 能够表征目标八成以上的完成度即可，而剩余的二成则不应成为目标达成的阻碍，因此人们不足为虑。OKR 案例，如图 1-1 所示。

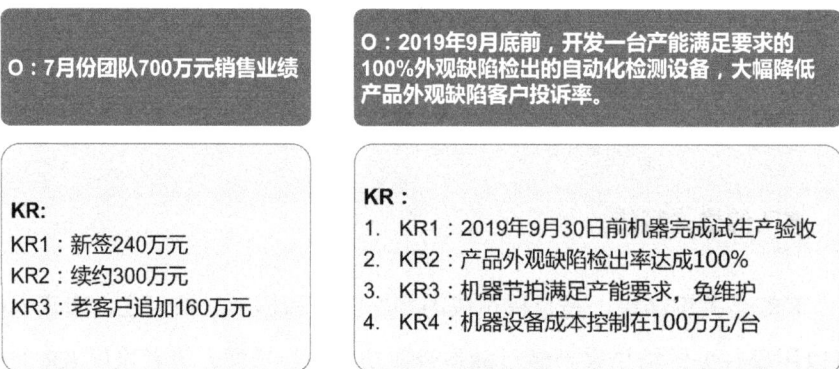

O：7月份团队700万元销售业绩	O：2019年9月底前，开发一台产能满足要求的100%外观缺陷检出的自动化检测设备，大幅降低产品外观缺陷客户投诉率。
KR： KR1：新签240万元 KR2：续约300万元 KR3：老客户追加160万元	**KR：** 1. KR1：2019年9月30日前机器完成试生产验收 2. KR2：产品外观缺陷检出率达成100% 3. KR3：机器节拍满足产能要求，免维护 4. KR4：机器设备成本控制在100万元/台

图 1-1　OKR 案例

Q3：组织在设定 OKR 时，怎样理解 SMART 原则？——目标呈现规则

SMART 原则不解决"设定什么目标""如何设定目标"的问题，它是在目标设定过程中及最终结果呈现要符合的原则。O 要符合 SMART 原则，KR 要符合 SMART 原则，KPI 要符合 SMART 原则。只有 OKR 符合了 SMART 原则，才能让参与目标设定和执行的各方有统一的理解和共识。这是 OKR 达成的前提条件之一。前面的例子"人才发展/营业额""成为公司组织能力的'发动机'"之所以不能当作目标，是因为它们不符合 SMART 原则中"具体明确，可衡量、可判断"两项。SMART 原则具体内容如下：

（1）**Specific（具体明确）**。对于目标究竟是什么，不同的人有不同的理解，在此处不做具体讨论。检验目标写得是否"具体明确"的方法："每个人就所看到的目标用自己的话解释一下。"如果每个人的结果一样，那么说明目标真正的具体明确了。

（2）**Measurable（可衡量、可判断）**。O 需要澄清的是可衡量、可判断，不完全等同于量化。那么，不能量化的 O 如何做到可判断呢？组织是通过 KR 来做到的，这是 KR 的关键价值之一。

（3）**Agreed（双方共同议定）**。**目标要有共识性**。这个概念包含纵向共识和横向共识两类。

- 从实际经验角度来讲，在传统行业中团队管理者的判断力大多要比下属的判断力要准确，而目标往往也是由团队管理者的上级来决定的，追根溯源是由市场因素决定的。此时，共识的关键不在目标本身上，而在如何达成目标的策略、措施以及资源支持上。

- 在快速发展的行业中，关于某一领域的目标设定，下属强于管理者的概率要比在传统行业中大。究其原因是下属更贴近外界和业务前线；一位管理者往往横向跨门管理几个不同的业务，自己也不是所有业务的专家。这是互联网行业为什么更多地采用共创的原因。

- 在当下，横向跨部门的共创和共识被越来越多的企业所采用。这是因为越来越多的目标倚赖横向跨部门的协同合作，越来越成为趋势。当然，这也是对管理者的工作方式和能力的一种挑战。

- 需要强调的是，不论是对目标还是对行动措施的真正共识，不再依赖单向传达和说服，而是共创和协商。在这种情况下，群策群力、共创式研讨方式，即管理者的引导技巧变得十分重要。当然，这也是很多管理者所缺乏的。（读者可以参考《结构化研讨——参与式决策操作手册》，它是一本内容相对简洁明了的基础参考书。在本书中，关于 OKR 的共创和引导，会给出笔者的方法论、工具和实践案例。）

（4）**Relevant（相关性），本质上它是指贡献度**。相关性重点要强调下一级的 O 与上一级的 KR 之间要存在承接和贡献的关系。从这个意义的角度来讲，每个 OKR 就是一个向上或者向外做出贡献、体现价值的机会。在组织中，有一个关键原则——价值在外，即任何一个岗位、任务或者目标，如果不能向上（组织）做出贡献，向外（客户）产生价值，那么这个岗位、任务或者目标存在的必要性就值得思考。

（5）**Time-Table（时间节点性）**。目标，要有完成日期；"里程碑"，要进行目标的分解，有阶段性小目标。目标的完成日期是要在 OKR 中得以体现的，而"里程碑"需要在其行动计划中予以落实。

1.3　OKR 的四大核心价值

关于 OKR 的核心价值，众说纷纭。例如，透明、协同、承接战略、有挑战性、不与绩效奖金挂钩等。笔者认为，这些都不是 OKR 所独有的核心价值。传统的 KPI 同样可以做到，甚至有些企业已经做到。例如，一些传统的德语区家族企业，绩效管理真的不与绩效奖金挂钩，甚至在不违反底线的前提下开除员工都是不允许的。

笔者认为 OKR 独有的核心价值，具体如下：

（1）提供清晰定义目标的范式。

（2）让目标的设定回归业务的本质。

（3）将战略性管理和运营性管理分开。

（4）管理方式向自主赋能转变。

提供清晰定义目标的范式

在 OKR 出现之前，定义目标可以参考 SMART 原则。但目标的描述一般只是一句话而已，顶多中间加个逗号，以表述得更加完整。这样的目标表述方式，对于好量化、容易判断的目标基本上适用，如销售额达成多少、利润实现多少、生产成本降低多少等，但由于没有 KR 的平衡，在目标达成的同时，会出现某些人意想不到的副作用，即备受批评的"绩效主义"后果，具体表现如下：

- 虽然销售额目标达成了，但是新产品的推广目标没有达成，造成后续销售乏力。

- 虽然订单交期实现了，但是产品合格率没有保障。

- 虽然市场拓展目标达成了，但是由于促销造成产品市场定位出现混乱。

- 虽然生产成本降低了，真正有降低成本空间的部分没有实现降低目标，但是涉及员工满意度方面的成本（如差旅费）大幅削减，导致员工抱怨时常发生。

团队在使用 OKR 时，由于有 KR 的出现，它可以帮助团队平衡并解决上述问题。KR 可以：

- **作为目标达成的判断标准**。KR 用来判断目标是否真正达成，而不仅是表面得以实现。

- **使目标达成更具有可能性**。KR 为 O 的实现提供了必要的路径，为行动计划的落实提供了桥梁。

- **使目标更加平衡**。不仅在 O 与 KR 之间，还在 KR 与其他 KR 之间保持了平衡。在保证大目标实现的同时，也兼顾了团队的健康度，减小了副作用。

- **为目标向下分解提供了中间链条**。往往上一级的 KR 就是下一级 O 的开始。

让目标的设定回归业务的本质

以 KPI 为主流的时代，目标的设定往往直接与绩效奖金挂钩。最糟糕的情况是为在个人和组织的利益之间求得平衡，而谈判出了一个折中的目标。甚至，还有更为可怕但又不陌生的现象——"为明年留口粮"，即当年的目标已经可以达成，下属会把部分订单延后至下一年。其实，不仅下属在这样做，其上级管理者也是心知肚明的。

OKR 明确主张不与绩效奖金强关联；另外，OKR 难度系数的设定，天生就具有挑战不可能的心理暗示。这样，OKR 能够让组织和管理者聚焦市场，主张创新，挑战不可能性，其设定的目标才会更有**未来感和使命感**。

OKR 的挑战性给人带来"张力"。这样的 OKR 能够激发人放弃旧知、探索未来，思考如何以创新的方式实现挑战性的目标。反之，"走老路到不了新地方"，如果目标不具有挑战性，那么可能导致如下结果。

- 组织、团队以及个人就没有机会达成更好的绩效目标。

- 组织、团队以及个人就没有机会进行探索反思，无法实现真正的学习和成长。

- 组织和团队就失去了锤炼和塑造优秀的组织文化氛围的机会。

这三个方面，是每一位管理者和每个组织都希望实现的任务和目标。其能够实现的有力前提是设定挑战性的任务和目标，OKR 的理念使之成为可能，回归到组织存在的真正价值上，而不仅是关乎"金钱"。

在设定 OKR 时，团队要解决的核心问题：**"团队要设定什么样的目标，才能让业务更加健康，更有未来？"** 因为 OKR 的设定是团队管理者和团队成员前瞻性地思考团队究竟要做什么，要达成什么，而不是在过去的数据和经验上，再象征性地加点码法，作为本年度的目标。

目标脱离了绩效考核的束缚，加上挑战性的要求，它更能够回归到业务的本质上。团队管理者和团队成员坐到一起共同思考如下核心问题：

- 团队需要设定什么样的目标，才能让业务更加健康，更有未来？

- 团队需要设定什么样的目标，才能为组织做出更大的贡献，为客户提供更大的价值?

- 团队成员需要设定什么样的目标,才能为团队、组织、客户做出更大的贡献,让自身成长更有价值?

将战略性管理和运营性管理分开

在组织和团队中,总是有各种各样的工作需要人来完成的,并且每项任务和工作背后都必然包含或者隐藏着特定的目标和目的。例如,有的任务和工作需要团队重点关注、聚焦关键资源;有的任务和工作只需要团队完成即可,甚至可以延后或放弃不做。这是涉及组织效能、彼此协同和资源有效利用至关重要的问题。

OKR 的出现,使得从组织到个人共同清晰地聚焦在关键点上成为可能。OKR 可以通过任务和工作将所有人和资源组织在一起,完成少数重要的事情。另外,OKR 还可以解决组织、各级人员精力分散的问题。

由此可见,OKR 所聚焦的应该是关系到组织或团队的**战略性问题**,即影响外界、未来、全局的重要问题。这方面的管理,人们称其为"**强管理**"——通过目标、行动、跟进、复盘的方式进行**主动行动**。其他的任务和工作,人们称其为"**运营性问题**",可以考虑用其他的方式来实施"**弱管理**"——通过监测、问题、纠偏的方式进行**被动反应**。

例如,在人体中,凡是低级神经系统所控制的活动,人们称其为"弱管理"——被动反应,如人口渴了喝点儿水;而高级神经系统所控制的活动,人们称其为"强管理"——主动行动,如人即使不渴也可以泡一杯工夫茶,满足一下人的心理需求。如果所有的活动都需要调动人的大脑皮层,需要人体进行主动思考和反应,那么人会无暇顾及高级神经系统所控制的活动了,如计划、聚焦、反思等。

管理方式向自主赋能转变

随着时代的发展，组织结构先后经历了职能式、矩阵式、事业部制式、社群式等形式的发展。到目前为止，关于组织结构的尝试和创新从来没有停止过，如阿米巴、合弄制、分布式组织、社群式组织、青色组织、VSM（Viable Management System，可持续管理系统）等。那么，究竟哪种组织结构形式更好呢？答案是没有绝对的好，也没有绝对的不好。任何组织结构形式都有各自的优势和劣势，也都有其适合的"土壤"。选取哪种组织结构，关键在于它是否能够与组织的使命、战略、文化、人员能力等匹配。因为任何组织结构形式都会带来新的问题，所以关于组织结构形式的选择不能坚持完美主义，而要反过来进行思考，比较哪种组织结构形式带来的问题能相对更少一些。另外，在同一组织中，也可以采取不同的组织结构形式，这与组织的规模以及业务复杂度相关。

不论如何，这些关于组织结构形式的尝试和创新，无一例外地都在探索同一类主题，即如何才能真正激发人的潜能和创造力，发挥人的优势，挑战更高的目标和个人绩效，创造更加优秀的组织文化，平衡组织近期和远期的发展。

为达成这样的目的，改变组织结构形式是方法之一。而 OKR 在不改变现有的组织结构形式、不大动干戈的情况下，从管理思想和做事流程、工具的角度入手，也能起到事半功倍的作用。

彼得·德鲁克开创了"目标管理和自我管理"，但是他从没有设想出如果没有自我管理，那么目标管理该如何实施的办法。这样，目标管理失去了其意义和力量的重大部分——**没有自我管理的目标管理仅仅是管理的一半**。而 OKR 不仅在目标的设定上做出重要的贡献，也把自我管理重新带回了轨道。

OKR 提倡挑战和创新，鼓励团队成员共创参与和自主战长。团队成员需要的不是控制和监督，而是自我驱动、赋能和支持。OKR 鼓励团队成员自下而上对业务进行思考，提倡自主设定目标、自我跟进和迭代。团队成员不但要知道做什么、怎么做，而且要思考为什么这么做，这么做的价值和意义究竟是什么。只有这样，团队成员就不是仅凭双手在工作，而是带着"大脑"进行全身心投入的工作。

团队管理者的角色从原来的掌控转变为赋能，从单向自上而下的传达和控制转变为双向的沟通、对齐和相互激发，甚至在某些领域可以完全实现以自下而上驱动为主的变革和创新。团队管理者真正将工作的权力交还给团队，团队成员在愿景思考、目标设定、组织实施、反馈调整、复盘和评估的全流程实现共创参与，而团队管理者则更多地采取分享、倾听和支持等以引导者的领导方式来激发团队自主工作、自主创新和自主成长。

问题解答

Q4：在概念上，OKR 与 KPI 有什么不同？——三"不同"一"转化"

最初，KPI 叫作关键过程指标，起源于生产质量管理。例如，公司可以用关键过程指标对生产流程进行监测和控制，以保障产品的质量、生产效率以及成本等达到相关的要求。在绩效管理方面，KPI 叫作**关键绩效指标**，即公司要设定的**关键绩效指标**，以促进最终绩效达到预期。后来，通行的叫法，设定 KPI 是指设定目标。另外，绩效考核出现之后，KPI 变成了要用绩效指标来进行业绩考核，评价个人工作优劣，决定其奖金和职位晋升。这时 KPI 的意思就偏向于**绩效考核指标**。

在绩效管理中，KPI 包含两种类型：一类是保持类，如产品合格率要保持在96%以上；另一类是改进类，如产品合格率从96%提升至98%。

在**管理方式**上，这两类 KPI 完全不同。

- **保持类**。团队需要设置监测点进行数据采集，超出偏差要进行原因分析、采取行动、纠偏达标，只进行事后被动反应即可。例如，产品合格率维持在 96% 以上——目标已经达成，但需要保持。团队需要做的就是按既定流程执行、监测，遇到超标的问题进行解决，若没有问题则继续监测。

- **改进类**。团队需要设定目标、拟定计划、监督纠偏，最后复盘总结，需要进行事前主动管理。例如，将产品合格率从 96% 提升至 98%——目标尚未达成，需要立项、分析计划、实施改进，进行阶段性的评估和调整，直至达成目标。

1. 重新区分 OKR 和 KPI，采取不同的管理方式

目前，大家看到 OKR 与 KPI 是"剪不断、理还乱"的关系，需要重新定义它们才能澄清关系。从管理方式和用途上，可以重新定义 OKR 和 KPI，使二者完全区分开，避免人在概念和实施管理方面的混淆。只有这样，才能让组织聚焦关键点，并采取不同的方式来实施有效管理。

- OKR 是"目标"的概念——组织需要达成的未来目标，是真正具有战略性和未来感的，更加关注创新、变革等方向性的目标，需要采用 OKR 的管理方式。

- KPI 是"指标"的概念——组织需要监测的和保持的目前水平，是属于运营管理的指标，可以表述为"多、快、好、省"，用现有的流程、工具进行例行管理和监测即可。

2. 未来的资源主动投入度不同

关乎企业未来发展的重大措施，可以用 OKR 的方式来进行管理。有人也许会问："航空公司的安全指标难道不够重大吗？"答案是："航

空公司的安全指标当然重要，但如果团队不需要采取任何新的措施和手段，只需要按既有的法规、流程、制度去做，那么用 KPI 的管理方式即可，即定期监测统计数据，发现问题及时处理。这与其安全指标是否重要无关，只是管理方式不同而已。如果通过监测，航空公司发现驾驶系统有重大问题，那么团队有必要设定一个 OKR 在未来的一段时间之内进行改进，这需要特别的行动计划和跟进方式，以及验证目标是否达成，这是另一种管理方式。"

3. OKR 和 KPI 的适用性不同

在不同组织中，越是创新型企业、初创的组织，就越适用 OKR 的方式；而越是传统型、成熟的组织，就越适用 KPI 的方式。在同一组织中，越是前端和创新的业务部门，越适用 OKR 的方式，用来做前瞻性的目标管理；越是后端和常规的职能部门，就越适用 KPI 的方式，可以用来监测组织目前的健康程度。另外，即使在同一部门中，OKR 与 KPI 也可以共存，以起到不同的作用。

4. OKR 与 KPI 的相互转化性不同

OKR 与 KPI 二者之间的相互转化性，可以用人体来做个比喻，十分形象。人体的健康程度是需要一些关键指标来表征的。例如，体温、脉搏、血压、肺活量、红白细胞含量、血糖等指标，这就是人体健康度的 KPI。当这些指标发生问题时，如果由于某种疾病导致某些指标发生了问题，这时就需要医生进行诊断、分析、明确治疗目标、制订治疗方案、实施治疗，阶段性地核查跟进，直至这些指标恢复正常。这些措施加到一起就是 OKR 的管理过程。

某个组织一定有一些指标可以用来表征组织的健康程度。例如，创新能力、市场地位、成本地位等，而组织一旦发现创新能力这个指标弱于竞争对手，而不能满足客户需求、不能助力于组织长远发展时，组织就要考虑在这里设定一个或者几个 OKR，以期待在这个领域取得领先的地位。而这个领域一旦地位得到巩固，或者创新的产品、服务推向市场，其市场地位则又会成为另一个战略重点，关于这个产品市场地位的 OKR 又会产生。这样的 OKR 达成后，相应领域的健康程度就得到了进一步提升。

第 2 章　OKR 设定方法论

本书的主题是"共创 OKR"。那么，如何实现共创 OKR 呢？任何主题**的共创方法一定包含两个维度**：一是与主题相关的流程或者模型，聚焦于共创的内容，往往具有专业性，如采购战略和公司文化共创所需的模型就完全不同；二是共创所需的引导工具，往往具有通用性，如采购战略和公司文化的共创都可以运用"团队共创法"或者"世界咖啡法"。只有二者有机结合，才有可能达到人们预期的效果。本章对以下两节内容进行介绍：

2.1　OKR 核心方法论：OKR-C-TOCO。

2.2　OKR 共创基础工具：ME-WE-ALL。

彼得·德鲁克说："目标管理必须投入大量心力，并需要特殊的工具。"

任何一种管理，既要有深厚扎实的理论基础，也要有接地气的实践方法和工具。深厚扎实的理论基础保证组织运用正确的管理方式，走正确的路；而组织如何能够走得更快一些、效果更好一些，接地气的实践方法和工具则成为不可或缺的辅助用品。

（1）核心方法论 OKR-C-TODO，整体给出了从目标到行动计划三个阶段的实施流程和路径，本章在宏观逻辑上予以说明。具体内容将在第 3 章、第 4 章和第 5 章展开讨论。

（2）ME-WE-ALL 是共创的基础工具。在 OKR-C-TODO 不同阶段的研讨共创中所应用的具体方法和工具，都是由它演化而来的。笔者建议读者仔细阅读并理解本章的内容，然后再开始第 3 章的阅读。另外，在后续 OKR 实施、跟进、复盘等过程中，ME-WE-ALL 的精髓也会得到充分的应用。

问题解答

Q5：OKR 核心方法论的应用场景有哪些？——需要目标计划即适用

一般来讲，但凡需要设定目标，考虑行动计划的工作都适用 OKR 核心方法论。例如，笔者实践过的工作：

- 年度目标设定。

- 战略目标落地。

- 行动学习项目拆解。

- 项目管理计划执行。

- 变革项目策划。

......

2.1　OKR 核心方法论：OKR-C-TODO

本书第 1 章明确了 OKR 的 What、Why 和 Where，即什么是 OKR、为

什么要用 OKR，以及在哪些场景下适合用 OKR。下文将介绍如何设定 OKR，即 OKR 的 How。

在介绍 OKR 核心方法论之前，先谈一下设定目标常见的误区之一，即很多组织很重视设定的目标，却忽视行动计划，管理者往往对行动计划关注程度不够。这导致目标的达成没有可依赖的路径，目标的实现只好寄希望于工作压力、考核、跟进，甚至个人的努力。虽然这些手段很重要，但是没有行动计划作为前提，这些手段成了"无本之木、无源之水"。这样，管理者失去对目标管理的真正掌握，即团队没有办法依据行动计划来对目标进行阶段性的有效跟进、纠偏、调整以及复盘。

其实，这种现象不仅存在目标管理之中［本书谈及的"目标管理"，大部分指的是年度目标（Objective），也指半年度/季度目标］，只在少数情况下表述"目标管理"的通用原理时会泛化，如战略目标（Goal），而且在**战略管理中也存在类似的现象**。这种现象，即只有战略目标或者口号，而没有战略的实施路径，从而导致战略目标或者口号的实施不能得到有效的落地。因此，在笔者给出的 OKR 核心方法论中，不仅包括"如何设定 OKR"，也包括"如何落实行动计划"。

OKR 核心方法论——OKR-C-TODO

如图 2-1 所示，OKR 核心方法论包括以下三个阶段。

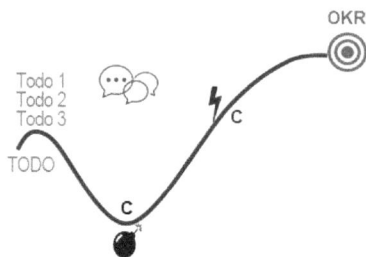

图 2-1　OKR 核心方法论：OKR-C-TODO

（1）**OKR**（目标+关键结果）。如何设定 O，如何设定 KR。

（2）**C**（关键挑战）。团队分析达成 OKR 将面临的关键挑战，以及挑战背后的实质性关键因素。

（3）**TODO**（核心行动）。针对关键挑战采取相应的核心行动，并落实到行动计划上。

笔者给这个方法论命名为"OKR-C-TODO"。在第 1 章中关于 OKR 进行了基本介绍，在此不再赘述，仅介绍 C 和 TODO。

C——关键挑战

C 是组织在实现 OKR 过程中可能面临的关键挑战。在设定 OKR 时，组织要对关键挑战进行分析；在 OKR 后续阶段性迭代时，如果有必要，组织就需要对关键挑战进行迭代并更新相应的对策。《礼记·中庸》曰："**凡事预则立，不预则废。**"凡事均应如此，虽然预先分析不能保证结果一定会成功，但是不进行预先分析、研讨对策、配置资源，结果失败的概率会更大。OKR 可以有效执行和达成，其中一个非常重要的原因是组织前期进行深入透彻的策划，然后才是有效的过程跟进，以及阶段性的迭代和调整。如果组织草草地设定 OKR，完全依赖在过程中的迭代以及临时应对，则 OKR 可能无法达成。因此，组织对关键挑战进行分析，使 OKR 的达成策略更有针对性。

TODO——核心行动

TODO 是组织为达成 OKR，克服关键挑战而采取的核心行动，但不是为达成 OKR 采取的所有行动。它是组织克服关键挑战必须采取的具有关键意义的、策略性的行动。

Q6：OKR-C-TODO 是必经之路吗？——有关键挑战就需要

首先笔者提出一个观点："任何没有行动计划的目标，都是不能被有效执行和跟进的。"因此，有目标就要有相应的行动计划，哪怕是非常简洁的核心步骤和"里程碑"。这样，人们似乎看到了 OKR-TODO，其中的 C，即挑战分析的部分是不是一定要有呢？

按照 OKR 应用的基本原则，目标往往具有挑战性。这样一来，其意味着目标达成必定比较困难，甚至十分艰难。在这种情况下，过去的经验也许不再适用，常规打法也不再奏效。如果团队面对新的阻碍、挑战和风险进行预知预判并有对策地提前思考、组织相关资源，则这一步骤可以成为 OKR 成功的关键环节。因此，团队对关键挑战的深入分析和共识，以及创新和拟定相应的对策，就成了必经之路。

当然，如果一个 OKR 没有挑战性，管理者也想应用 OKR 的管理方式，就可以省略关键挑战分析这一步骤，直接探讨关键的 TODO 即可。一周之内可以完成的常规小任务，团队只用到 OKR 即可，TODO 不需要明确地写下来。

2.2　OKR 共创基础工具：ME-WE-ALL

OKR 的共创，意味着组织从设定、跟进、复盘全过程都要采用共创式的方法。在引导技术中，共创的方法有很多种。ME-WE-ALL 这个工具虽然小，却可以表达引导技术的精髓，如图 2-2 所示。在 OKR-C-TODO 过程中，组织应用的各种共创的小流程、小工具，基本来自这个工具。另外，组织在后续的复盘操作中，也相当依赖这个工具来进行团队助力。

图 2-2　ME-WE-ALL 的构成

ME-WE-ALL 的中文表述为"个人—小组—团队"。这个方法借鉴了布鲁斯·威廉姆斯（Bruce Williams）的"Individual Thinking—Team Brainstorming—Whole Group Discussion"，以及芬兰引导者 Pepe Nummi 的"ME-WE-US"。

ME-WE-ALL 三步法

为了便于说明，我们先拟定一个具体的场景。例如，团队召开会议，共有 9 个人参加，要解决一个重要的问题——产品不合格率飙升。在这个场景中，团队如何应用 ME-WE-ALL 进行操作呢？简单来讲，首先团队进行原因分析，然后探讨相应的对策。

第 1 步　ME 个人思考

主持人（一般为团队管理者）先澄清背景和目的，然后进行如下操作：

（1）给每个人一张纸。

（2）每个人独立思考"导致产品不合格飙升的关键原因是什么"，并写出各自的答案。

（3）每个人用 3 分钟的时间进行思考，并写出至少 3 个关键原因。

第 2 步　WE 小组筛选

当每个人都完成第 1 步后，主持人再进行第 2 步操作：

（1）成员分成 3 个小组，尽量差异化组合。

（2）每个小组用 8 分钟的时间进行讨论，主持人根据问题的复杂程度来灵活调整具体时长。

（3）每个小组提炼出 3 个关键原因，并写在报事贴上。

第 3 步　ALL 团队分享

当小组完成报事贴的书写后，主持人再进行最后一步操作：

（1）不同的小组轮流发言，每次一个小组只表述一个关键原因。

（2）主持人在白板上收集报事贴，确保大家对每一个关键原因都有共同的理解。

（3）主持人将 9 个关键原因进行归类整理，团队选择并决定最为可能并且重要的 3 个原因。

经过大家的讨论，团队共同得出了 3 个关键原因。然后，团队针对具体关键原因研究相应的对策。这时，团队完全可以重复 ME-WE-ALL 的 3 个步骤，就 3 个关键原因逐一进行探讨对策。如果时间不够充裕，主持人就可以将原因进行分配，3 个小组同时进行，小组研讨完毕再相互评估并完善。

ME-WE-ALL 三步法注意要点

第 1 步　ME 个人思考

1. 可以"加戏"

在每个人思考的过程中，主持人要注意观察每个人的进度。如果有人先写完而其他人没有写完时，则主持人可以说："已经完成的人请再加两条。"另外，主持人也可以根据实际进展适当延长一点儿时间，以保证每个人应有的产出。

2. 保持压力

主持人应给予参与者一定的压力，而不是给予参与者充足的时间。如果主持人预计平均 3 分钟想出两条，则可以要求大家写 4 条。头脑风暴法最大的忌讳是给予参与者充足的时间，但对其产出的要求又不高。这样就出现无聊、无趣的现象，导致会议拖拉，没有结果，没有亮点，大家参与的热情程度也迅速下降。

3. 独立思考

人们习惯在会议开始就进行问题讨论，而不进行独立思考。ME 特别强调人们一定要先完成独立思考，再进行问题的讨论。这是创新思考的重要前提条件。彼得·德鲁克曾经说过，真正好的决策一定起始于不同的观点。那么，激发人们独立思考，寻找不同观点就成为团队研讨的首要任务。

4. 写下答案

答案一定要写出来，而不是放在人的脑子里。"大脑是用来思考的，而不是用来记忆的。"在团队研讨过程中，经常出现一种现象——参与者原本想好的想法，后来却忘记了，只好去追随现有的探讨。而大家写出来答案就可以完全避免这个问题，把想法记录在纸上，让大家的大脑为此思考而运转。另外，还有一个很重要的原因是通过书写能够给参与者一个思考和准备的机会。在团队研讨过程中，有些人反应机敏，有些人高谈阔论，有些人沉默寡言，而有些人需要思考清楚才能表达自己的想法。有些人不见得真的有好想法，而有些人不一定没有想法。如果主持人给予参与者几分钟的时间进行准备并写下想法，就可以为参与者提供一个平等参与研讨并做出贡献的机会。

第 2 步　WE 小组筛选

如果团队人数低于 7 人，就可以省略这一步骤，直接进入第 3 步。

1. 轮流发言

轮流发言的机制是保持每个人有参与感的最好方式。每一轮发言，主持人都要给每个成员平等发言的机会，成员可以自行决定发言与否。团队可以借鉴"斗地主"的玩法，规则是"不发言一定要口头喊'过'"，不能保持沉默。喊"过"也是一种参与，表达了参与者的意愿，只是暂时没有想法而已。成员一旦喊出，内心就会有一种声音："下一轮我还要'过'吗？"第二轮发言，主持人继续给成员发言的机会。随着这样的节奏，成员内心的声音越来越强烈，能够激发其持续思考，避免默默地"打酱油"，新想法也许就这样产生了。如果成员第一次没有想法，后续就不再给成员发言的机会，该成员很有可能就此放弃发言。每次喊"过"都是一次提醒和激发，轮流发言能够帮助成员对主题和议程进行持续关注。

2. 存异求同

在轮流发言分享时，需要注意的是，成员不要想当然地将类似的观点判断为相同的观点，这样可能忽略一些非常重要的信息。字面意思相同或者口头表达类似，并不意味着其内涵一定相同。当遇到这样的情况时，小组成员一定要问："你要表达的观点与其他人的观点有什么不同吗？"即先把不同的观点彻底区分出来，再寻求彼此的共识。

3. 提炼主意

团队在寻求共识时，是"提炼"主意，而不是"选择"主意。"选择"意味着"选你不选我"，成员可能因"选择"主意数量的限制而放弃了一些好的想法。而"提炼"意味着兼顾、融合和创新，尤其是重要议题或者研讨的关键环节，虽然在"提炼"主意上浪费一点儿时间，但是非常值得这样做。

4. 字大体正

团队讨论结果的高质量输出可能因卡片书写的问题，导致成员后续的参与度急剧下降。如果卡片上的字是用一般书写笔完成的，在白板上显示字体很小，大部分人无法辨识，那么后续卡片的处理工作，自然就由离卡片最近的主持人承担了。因此，在团队研讨之前，主持人就要考虑卡片的尺寸、马克笔的数量、卡片贴放的位置、成员的座位摆放等各种因素，以保证成员后续的有效参与和讨论。

第 3 步　ALL 团队分享

1. 轮流发言

团队在进行主意分享和收集时，同样要轮流发言，即每个小组一次只说一个主意，再进行第二轮、第三轮……"过"的原则在这里同样适用，以保持小组与小组之间的平等参与和适当的竞争感。

2. 彼此澄清

对于每一张卡片上的主意，如有任何的不同理解或困惑，成员要立即澄清，确保大家对卡片上的内容有共同的理解，以便后续对其归类整理。同样，这里要遵循"求同存异"的法则。在必要时，主持人可以请成员将卡片重新修改，以展现其不同的内涵。甚至，有些卡片需要拆分书写，这是因为总有成员把两个主意写到同一张卡片上。

3. 适当归类

由于团队采用 ME-WE-ALL 工具，一般卡片的数量不会很多。主持人只需要对卡片进行简单的归类。这种方法不像"团队共创法"等其他引导方法那样卡片有 20～30 张，甚至更多，归类整理的工作也比较复杂。

4. 选择判断

当完成卡片归类整理工作之后，主持人可以请大家对归类整理后的观点进行选择，用简单的投票方式就可以解决此问题。但主持人要对投票的标准给予澄清，如是成本最低的、时间最快的，还是客户价值最大的。不然，每个人只会根据自己内心的投票标准来进行投票。如果每个人投票标准不同，大家的共识度就会弱化。

谁来参与 ME-WE-ALL

ME-WE-ALL 成功的前提条件是除研讨流程和主持人的技巧外，还有一个要点，就是确保相关人员的参与。

- 不仅包括决策者，也要有负责执行的人。

- 具备相关经验和知识并可以提供建议或意见的人——专家，与职位无关。

- 跨部门协同和支持团队的代表。

- 必要的外部人员，如客户、供应者以及第三方等。

Q7：OKR 研讨的主持人（团队管理者）要秉承怎样的内在心态？——开放、中立、信任、责任

在组织的实际场景中，主持人往往同时兼任团队管理者的角色。而参与者在内心中更加看重其团队管理者的角色，忽略其主持人的角色，以下属的姿态来思考和发言，从而影响研讨的开放性和创新性。这该怎么办呢？

笔者建议在研讨开始前，主持人与团队成员明确好自己有两个角色：一是引导者——主持人的角色；二是团队管理者。主持人的角色是要引导成员按流程进行研讨、激发参与、收集信息、共同分析、达成共识；而团队管理者，即要分享和贡献自己的理解和想法，在必要时做出相应的决策，承担决策的责任。

那么，什么是"必要时"呢？当人们用共创的方法来进行研讨和决策时，只要主持人引导得当，在通常情况下团队会得到不错的结果。但在少数情况下团队决策可能会偏颇：一是关键信息缺失；二群体"失聪"。这时，管理者的角色可能需要适时出现，给予更多的补充和解释，做出决策并让大家理解其缘由。

这时，主持人可以运用"帽子戏法"，可以这样讲："现在我要摘下主持人的'帽子'，戴上 TL（Team Leader，团队管理者）的'帽子'，我来补充一些信息……/我是这样认为的……"分享完毕并回答成员的提问。然后，再回到主持人的角色，可以这样讲："我现在回到主持人的角色，那个家伙——TL 消失了。"主持人继续主持研讨会议。即使这样，团队成员也可能一头雾水。这时，真实的管理者角色会更加视觉化、更有帮助。其带上"帽子"是主持人，摘下"帽子"是团队管理者。

基于此，在引导过程中关于主持人的心态，笔者给出以下几个关键词，以表达这个角色的内在状态。

（1）**开放**。主持人给每个人以平等发言的机会，接纳不同的观点，相信好的决策始于不同的观点，引导成员彼此开放，共同"延迟判断"以激发出多元化的观点。

（2）**中立**。在个人和他人观点之间、在各方观点之间，主持人能够以中立的姿态来进行探讨，暂缓评论、激发对话，不能以平时的刻板印象来贴标签，影响各方的表达力。

（3）**信任**。主持人相信团队成员的智慧，相信团队能够解决他们自身的问题，相信他们有想法但还没有讲出来，把团队成员当成议题的主人，信任并激发成员的意愿和智慧。

（4）**责任**。主持人对大家的参与度和研讨的产出承担自己的责任。主持人时刻要问自己一个问题："我需要怎么做、怎么说，他们才愿意参与、愿意承担、愿意执行呢？"而不是批评、质疑、不信任大家。无论是任何负面的言语或肢体表达，还是内心的独白，都会使局面变得更糟糕。

对于研讨时发生的种种挑战，主持人一定会有很多的困惑。例如：

● 如何激励参与者的发言意愿？

● 如何尊重不同的发言风格（有人是话痨，有人过于简明扼要）？

● 如何做才能让大家彼此倾听？

● 如何处理不同的意见？

　　……

（类似于以上或者更多情况的处理，读者可参见《结构化研讨——参与式决策操作手册》第二部分"引导者的倾听技巧"。）

OKR 的设定与迭代

第 3 章　OKR 的共创

本章着重解决 O 和 KR 如何设定的问题。此处再次引用彼得·德鲁克的名言——**目标管理必须投入大量心力，并需要特殊的工具**。

本章将给出 O 和 KR 设定的具体流程、工具以及操作要点，以帮助管理者能够带领团队进行更好的共创，顺利完成 OKR 的设定。本章包括以下三节内容：

3.1　两种方式共创 O：自上而下和自下而上。

3.2　KR 共创七步法：拟定 KR，完成对 O 的闭环。

3.3　OKR 的三大管理思维：理性、感性和格局。

什么是心力

心力，一方面是指管理者要投入时间和精力，对组织和团队的目标进行思考，承担相应的责任；另一方面是指管理者要学习和掌握 OKR 设定的知识和方法，完善管理者的技能。本章解决的问题是如何设定 OKR 的具体流程和方法。但要设定哪些 OKR，则需要学习其他的内容。（读者可以参考 Q9 的回答以及 8.1 节的相关内容。）

本章设定 O 和 KR 所遵循的核心原则大同小异，但由于 O 和 KR 的定义不同，二者最终所呈现的格式自然也不同。通常来讲，O 的设定要比 KR

难。这是因为 O 要上溯到组织战略重点、愿景和使命；KR 要承接 O，如果 O 是团队共同设定的，KR 的共同设定就会事半功倍。

问题解答

Q8：OKR 设定比较困难时，如何做才能变得容易一些？—— 四个基本条件

能够提出这样的问题，说明团队成员对管理有了一定的经验和了解。OKR 设定的确是不容易的，其表面上看是目标，实质上是团队成员对业务的洞察和对工作的深度理解，是战略性思维（不是战略思考）的表现。OKR 一旦设定好，就代表组织和团队前进的方向，指明资源和精力应该聚集的焦点。若要 OKR 设定容易一些，则需要以下四个基本条件：

（1）团队以参考全面的目标维度模型作为指导，防止 OKR 的设定偏颇和失衡。总体来讲，目标分为四大维度：绩效达成类、机制规范类、人才发展类和文化塑造类。这四大维度目标兼顾事和人，平衡长期目标和短期目标的关系。（参见 8.1 节的内容。）

（2）团队成员要具备相关的经验和知识，邀请相关人员共同参与。（参见 2.2 节中"谁来参与 ME-WE-ALL"的内容。）

（3）团队要参照和遵守有效的 OKR 设定操作流程。（参见 3.1 节和 3.2 节对操作流程进行详细解释的内容。）

（4）主持人要具备引导团队群策群力研讨的能力。（参见 2.2 节和 Q7 的相关内容。）

3.1　两种方式共创 O

O 如何设定，其根本的问题是团队如何确定重点工作。团队的重点工作一般有两个来源：自上而下或者自下而上。在实际工作中，尽管源头如此，但一个团队所执行的重点工作往往是这两种情境的结合，前者权重一般略大一些。

（1）自上而下。团队的上级布置了几个重点工作任务或者目标，这时团队需要做的是解读重点工作任务或目标，并将其转换为 O。

（2）自下而上。团队的上级没有或者不能给出重点工作任务或者目标，这时团队需要自行确定重点工作任务并明确 O，团队与团队的上级确认后再执行。

自上而下的共创

当团队管理者接到上级布置的重点工作任务时，传统的做法或者独断的做法为：管理者自己解读并明确目标、安排分工，交给团队成员实施。尽管存在简单的询问和达成共识的过程，但基本是自上而下的单向分解、传达和指派。这样的做法针对简单明了、常规的工作任务往往没有问题，但若团队遇到复杂的、有挑战的、不确定的工作任务，就可能会带来很多的风险，如团队成员不能真正理解目标、计划不周全、执行时跑偏等。

如果人们能采取双向的、共创式的方法来推进工作，则可以最大限度地避免此类问题的发生，让有挑战的目标和工作任务在 O 的设定阶段就达成深度共识。在这种情况下，一般人们采用共创的方式来设定 O，大致有两个环节：一是共同解析团队的重点工作；二是团队共同设定 O。

环节一：团队重点工作解析五步法

（1）**传达**。管理者提前对重点工作进行解读和准备，然后召开会议在团队内部进行传达。

（2）**提问**。管理者传达完毕，请团队成员写下自己的疑问。

（3）**列出**。团队成员轮流提出问题，并写在白板上。这是小团队的做法。如果团队人数多于 7 人，就可以用 ME-WE-ALL 中的第 2 步。

（4）**澄清**。管理者就问题逐一提问所有人，请大家共同思考并回答问题。管理者在这个基础上可以做一些补充和解释。尽量避免管理者成为所有问题的回答者，需要发动团队成员共同寻找答案。这是培养团队大局观和向上思考的最佳时机。

（5）**回答**。最后，留下 1~3 个关键问题，管理者进行重点解答。在必要时（管理者不能回答，或者答案不完善，或者需要激发团队自行探索），可以分组讨论问题，管理者最后进行补充和解释。

当上述的方式无法解决问题时，管理者可以这样讲：

- 留下此问题，待事后向上级汇报并沟通。

- 如果这个问题不影响后续探讨对策和解决方案，那么先假定这个问题已经解决，进行正常的目标设定。

团队对重点工作背景和原因的共同理解，才是设定 O 的真正开始，也是后续在 O 上取得真正共识的源头。对于不解和疑问的消除，不仅是设定 O 的前提条件，更是团队探讨实现措施和后续实施等问题的关键。

环节二：团队共同设定 O 的七步法

假设情境为一个 9 人团队，就季度 OKR 共同设定 3 个 O 的七个操作步骤，如图 3-1 所示。

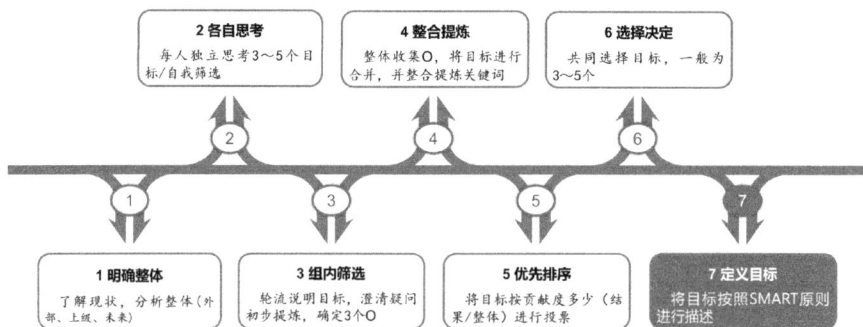

图 3-1　团队共同设定 O 七步法的操作步骤

参照前面 ME-WE-ALL 的引导方式，严格执行七步法，团队就能得出相应的 O。其中，在"环节一：团队重点工作解析五步法"中，人们可以看到 ME-WE-ALL 的"影子"。另外，后续所有的共创步骤基本含有 ME-WE-ALL 的理念，后续章节不再赘述。

另外，需要着重说明的步骤如下：

（1）**明确整体**。如果团队共同经历了"环节一：团队重点工作解析五步法"的过程，此步骤就可以直接略过，从第（2）步开始。

（2）**各自思考**。这里为"ME"。主持人请每个人写下 O 时，具体要求为："做……达成……"并请大家思考："任务是什么、目的是什么、应该设定的 O 是什么。"（参见"1.2 O、KR 的定义及格式"的相关内容。）

（3）**组内筛选**。这里为"WE"。小组内轮流分享成员各自的 O，彼此澄清疑问。然后，在组内提炼形成有共识的 3 个 O，每个人用马克笔写在纸卡上，要做到"字大体正"。

（4）**整合提炼**。这里为"ALL"。各组成员轮流分享各自的 O，主持人收集并汇总到白板上，然后进行 O 的合并，优先按照任务的相似性来进行合并。优先的做法是首先按照目标对任务进行合并，然后才是任务的相似性，最后用"做……达成……"的格式进行完善，重新写在纸卡上。这一步骤产出的 O 可能有 5 ~ 7 个。

（5）**优先排序**。在进行排序时，团队一定要明确排序的标准——贡献度，即这个 O 达成对团队、组织、客户价值的贡献分别有多大。不然，各组排序的标准不一致，团队难以形成共识，也会浪费时间。

（6）**选择决定**。选择决定最为关键的几个 O，作为团队这一季度的 O。而其他的 O 在必要时，可以作为不同小组或者团队成员的 O。但前面的团队 O 要得到优先保障。

（7）**定义目标**。最后一步，将选定的 O 按照 SMART 原则进行规范表达。（参见 Q2 和 1.2 节 OKR 的格式写法。）

以下是应用团队共同设定 O 七步法进行共创的两个例子：一个为互联网行业；另一个为传统行业。

例 1：互联网行业团队共同设定 O（见图 3-2）。管理者带领 10 个成员，每 2 人为一组，5 个小组分别提炼 O，然后整体提炼为团队最终目标 O。

图 3-2　互联网行业团队共同设定 O

例 2：传统行业团队共同设定 O（见图 3-3）。管理者带领 5 个成员，每个成员写出自己的 O，最后团队共识为一个 O。

```
不同成员写出的目标——O

  1. 在半年内，做一套自动化设备，以一定节拍检查滚动件外表面，达成产品缺陷100%检出率。

  2. 做一台能100%检出不良的自动化目检设备，以减少客户投诉数量。

  3. 设置一个自动化检查设备替代目前人工目检流程，达到产品外观质量零缺陷出厂标准。

  4. 开发能100%检出产品缺陷的视觉系统。

  5. 在半年内，开发一种应用于产线的自动缺陷表面检测设备，以提升产品表面质量控制。
```

```
最终目标——O
  2019年9月底前，开发一台产能满足要求的100%产品外观缺陷检出的自动化
检测设备，大幅降低产品外观缺陷数量和客户投诉率。
```

图 3-3　传统行业团队共同设定 O

从上述两个例子中，大家能够看出不同成员对同一任务的 O 的认知是有明显不同的。每次这样的研讨都会给管理者以震撼，管理者会说"原来大家想的真的和我想的不一样，这是原来我所忽略的""怪不得最终达成的结果总是与我想象的不同"。这样共创的方式总是能**在各自理解的差异得到激发和呈现的基础上，然后在探讨中达成彻底的共识，这样设定的 O 才是真正的共同目标。**

特别情况处理——临时定义 O 六步法

团队共同设定 O 七步法可以帮助团队同时拟定几个不同的 O。但在某些情况下，团队也会临时接到一个单独的任务，需要设定相应的O。那么，这该怎么办呢？我们可以将前面的环节一和环节二进行整合，按照以下更为简洁的六步法来处理类似这样的临时情况。

（1）**介绍背景**：主持人对任务的背景、情况、目的进行简单的介绍。

（2）**答疑解惑**：主持人请大家提出问题并做简单的回答。

（3）**个人定义**：每个人按照"做……达成……"的模式定义任务的目标。

（4）**轮流分享**：主持人请每个人轮流分享，相互提问，确保大家理解每个人分享的内容。

（5）**整合提炼**：团队先整合目标，然后整合动作。

（6）**定义目标**：将整合后的目标写成最终的目标，确保目标符合 SMART 原则。

自下而上的共创

在这种情况下，团队需要自行决定重点工作，设定目标并报请上级的同意。具体分为以下两个环节。

环节一：重点工作萃取五步法

（1）**明确整体**：主持人就个人对团队方向和重点工作进行展望，并简要回答成员的提问。

（2）**个人思考**：每个人写下自己认为的 3 项重点任务。

（3）**小组筛选**：团队成员分成小组，组内彼此分享各自的重点工作、理由及目标，整合提炼成为 3 项重点工作。

（4）**收集整理**：主持人收集各组重点工作，并进行整理汇总。

（5）**共同决定**：团队共同选出 3～5 项重点工作，作为团队的最终重点工作。

环节二：将重点工作写成 O

参照前面"团队共同设定 O 七步法"即可。

Q9：团队要设定哪些目标，才能保持 OKR 的整体性、系统性？——设定平衡的目标

长期以来，仅以营业收入、利润率等财务类指标作为组织的目标，往往会为组织的未来埋下隐患。真正了解业务又有战略性思维的管理者会从外部组织环境和组织的未来角度进行思考，不局限于组织内部和当下现状，更不会以过去为基准来进行目标的设定。

彼得·德鲁克说："要设定平衡的目标，意指包括当下生存与未来健康的平衡，内部效率与外部影响力的平衡，硬性业务目标与软性文化/人员目标的平衡。"因此，目标需要团队从整体系统平衡的角度来进行确定，否则目标的设定可能会有重大的遗漏。

在业务目标方面，弗雷德蒙德·马利克给出了关于组织的 6 个核心绩效指标——市场地位、创新能力、成本地位、关键人才吸引力、流动性和利润率。在设定 OKR 时，团队可以将这些指标作为参考，检查目标是否平衡，扫描是否有重大的遗漏。

小团队在承接组织大目标的基础上，可以从业务和工作的角度考量哪些工作可以做得更加"多、快、好、省、易、新"。（这里讲的业务目标的平衡，以及对组织目标更加全面平衡的理解，可参见 8.1 节设定目标需要思考的四大问题，以及目标的四大维度等内容。）

3.2　KR 共创七步法

什么是 KR 共创七步法

如果目标的设定是团队共创完成的，那么在设定 KR 时，团队共创会更加快速，这是因为团队有了共同协作的基础。但这并不意味着它一定可以实现，这是因为 KR 对目标有更加深度的洞察和分析。

KR 的共创也是通过七个操作步骤来完成的，如图 3-4 所示。

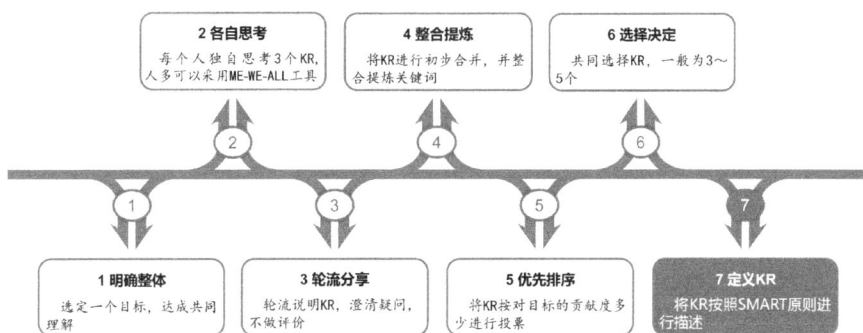

图 3-4　KR 共创七步法操作步骤

KP 共创七步法操作步骤

（1）**第 1 步**：如果是团队完成的目标，这里的第 1 步就可以省略，只需要决定从哪个目标开始即可。笔者建议先从容易实现的目标开始，从容易到复杂，可以让团队快速获得成就感。同时，主持人可以帮助成员头脑预热，有利于后续相对复杂 KR 的拆解。

（2）**第 2 步**：KR 要写成什么格式，可以参考 1.2 节 KR 的格式写法。主持人要求团队成员按照规定的格式进行修改和调整。在讨论过程中，主持人让团队成员将 KR 写在大纸卡上或者尺寸比较大的报事贴上，成员工作起来就会十分方便。

（3）**其他步骤**：参见 3.1 节和 2.2 节的相关内容。

以下为应用七步法进行 KR 共创的两个例子：一个为互联网行业；一个为传统行业。

例 1：承 3.1 节中互联网行业的例子。图 3-5 为 KR 设定完毕，关于 OKR 的完整展现。

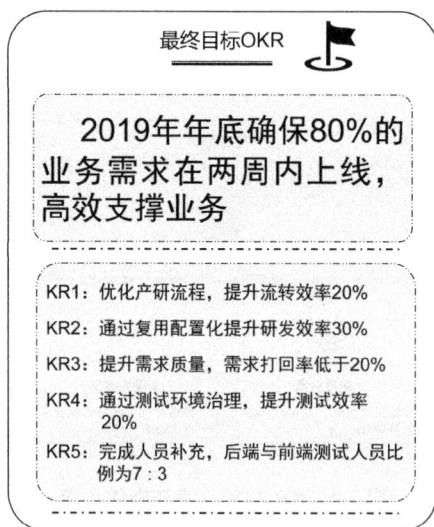

图 3-5 互联网行业最终目标 OKR

例 2：承 3.1 节中制造业的例子。图 3-6 展示了不同成员写出的 2 ~ 3 个 KR，最终整理提炼为 4 个 KR 的过程。

这一步骤完成后，才是团队关于某一项工作的 OKR 完全达成了共识，真正有了进一步探讨行动计划的基础和前提。

需要注意的是，这里需要暂停一下，团队进行一次闭环思考。主持人需要向全体成员提出一个至关重要的问题："是不是这几个 KR 达成了，就意味着我们的目标一定能够实现呢？"如果答案是肯定的，那么成员可以继续进行后续环节。但如果答案是否定的，那么说明团队一定存在重要的 KR 没有被探讨出来。在这一步骤还需要再来一遍，主持人请每个人另外写一个关键的 KR，然后继续进行 KR 共创七步法。

成员A：
1.　投入成本在预算之内
2.　产品外观缺陷检出率

成员B：
1.　产品外观零缺陷
2.　100%检测产品外观
3.　2019年9月30日自动检测设备投入使用

成员C：
1.　设备成本＜150万元/台
2.　设备故障率降低，免维护

成员D：
1.　项目完成交付
2.　使用自动化机器
3.　机器节拍XX个/秒

成员E：
1.　满足日产能10000件检测的需求
2.　全自动化识别
3.　产品外观缺陷识别率100%

1.　2019年9月30日前机器完成试生产验收
2.　检出率达到100%
3.　机器节拍满足产能要求，免维护
4.　成本控制在100万元/台

最终

图 3-6　传统行业团队共同设定 KR

问题解答

Q10：究竟怎样做才是 OKR 分解的正确姿势？——链式反应

1. 什么是链式反应

目标分解要有链式反应发生才符合逻辑。那么，什么是链式反应？例如，铁链是环环相扣串联而成的，从一端拖动，力量沿铁链有效地传递到另一端。目标的设定也需要从前向后沿着业务链条，自上而下沿着管理链条产生类似的链式反应。否则，OKR 的分解就会出现断档或断层现象，如图 3-7 所示。

图 3-7　铁链断开

2. "事"上的链式反应

在 OKR 中，由于 KR 中间环节的存在，才使得链式反应继续发生。纵向上，上一级 KR 就是下一层级的 O；横向上，前端部门的 KR 往往与后端部门或职能的 O 关联。例如，人力资源部门要招聘多少名新员工与业务及其他部门的 O 或者 KR 中关于人员的需求关联。

另外，有时只有 OKR 是不够完整的，上一层级关于 OKR 达成的核心措施，往往也对下一层具有指导的作用。因此，完整的目标设定是包括目标以及达成目标的核心措施。只有这样，自上而下、自前而后的链式反应才具备发生的必要条件。

3. "人"上的链式反应

前面讨论的是"事"的层面，而另一个很重要的层面是关于"人"，即在目标设定过程中"人"的参与方式。

在设定目标时，如果团队成员不能对目标的背景来源、要达成的目的有深入的共同理解，则很难设定出真正共识的目标并达成期望的结果。因此，每一层级对上一层级目标的理解，业务后端对业务前端的理解，成为另一个关键环节所在。

"人"的解决方案是下一层级关键人员要参与上一层级目标的设定，业务前端设定目标需要带上业务后端关键的配合和执行人员。相应的人理解相应的业务目标。只有这样，链式反应从"人"的角度才具备了发生的必要条件。

4. 链式反应需要"上下同欲"

这样的"人""事"上的链式反应，可以最大限度地保证组织共同完成少数重要的任务。这种做法相当于组织共用一张大网，集中资源捕捞几条大鱼；如若不然，则相当于各部门使用属于各自的小网捕捞各自的小鱼而已，根本没有所谓的"协同效应"发生，其效果可想而知。"人人欲战，则所向无前"，其关键前提条件是"上下同欲"，这是孙子兵法中制胜五法之一，即"上下同欲者胜"。

3.3　OKR 的三大管理思维

目标管理有三个阶段——定目标、抓过程、复结果，而最能展现管理思维的是目标的设定。OKR 的设定非常考验管理者的内在职业素养，其包含了理性、感性、格局三大管理思维，如图 3-8 所示。

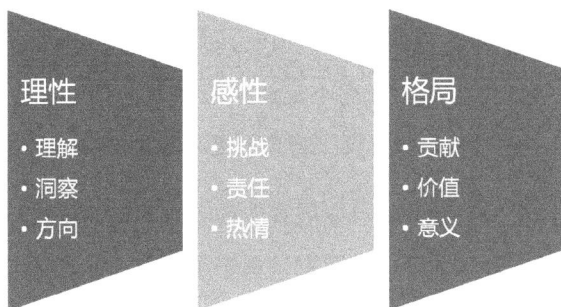

理性	感性	格局
·理解	·挑战	·贡献
·洞察	·责任	·价值
·方向	·热情	·意义

图 3-8　OKR 的三大管理思维构成

对工作的理性认知

OKR 的设定深刻反映了管理者对其本职工作的理解程度和洞察力。如果不能将 O 和 KR 定义得十分清晰和具体，则说明管理者对工作任务"要得到什么样的结果，最终目的是什么"领会得不够明确、深入。在这样的基础上，所有的行动都可能类似于热锅上的蚂蚁——瞎忙碌但可能没有成果。

OKR 反映了团队要走向哪里、达成什么以及为什么要到那里；OKR 是战略与运营工作的衔接点，是"人"和"事"的黏合剂。OKR 最终要落实到"谁做什么"上，通过团队每一天的行动最终实现战略；OKR 是阶段性工作的指引和后续资源配置的方向……基于这些关键点，**OKR 最终决定了团队是否在做"正确的事情"**。所谓"差之毫厘，谬以千里"，用在 OKR 的设定上也不为过。

对工作的感性投入

方向对了，目的也明确了，OKR 的挑战性显得至关重要。关于这一点，在前文已经介绍得比较详细了，此处不再赘述。而正是由于 **OKR 的挑战性，才真正展现了管理者的责任感**。

如果挑战性的 OKR 团队完成得很差，那么谁来承担责任呢？显然，这个责任应该由管理者来承担，而不是让某位下属承担，或者是管理者找个借口推卸责任。这是第一种情境，管理者要有基本的责任感。

另一种情境更为重要，它可以展现作为管理者最为本质的责任感，即管理者是否对组织绩效和团队成长愿意且勇于承担自己的责任。如果答案是肯定的，那么挑战性的 OKR 就是必然的选择。相对而言，这比前面所说的管理者承担责任重要得多。想要组织绩效更好、团队成长更快，就要用挑战来激发团队成员的创新；想要激发管理者自己和团队的热情，就要挑战不可能，这需要管理者有勇气和激情、真正的责任感。稻盛和夫说："**内心不渴望的东西，不可能靠近自己。**"管理者内心对挑战的感性渴望是非常重要的，没有这个前提条件，作为团队管理者是没有办法真正激励团队成员的。

对工作的格局思考

OKR 是一个工具、一种方法，它可以帮助团队更好地设定目标。但其本质上，OKR 体现的是贡献和价值。良好的 OKR 能够反映团队对上级或者组织的贡献，以及对外部客户或者合作伙伴的价值。如果团队找不到对上或对外的贡献感、价值感，就需要他们思考："为什么要在这个 OKR 上投入时间和资源，这个 OKR 存在的价值和意义究竟是什么？"从这个角度来讲，阶段性的 OKR 要对组织的战略有贡献感，并通过组织战略与愿景、使命得以连接。如果团队成员能够**了解到其 OKR 背后的贡献和价值，管理者和团队对工作就有了价值感和格局感**，那么前面对工作的"理性认知"和"感性投入"就会得到真正的升华。

问题解答

Q11：部门 OKR 与组织 OKR 是什么关系？——贡献

部门 OKR 和组织 OKR 的关系可以用一个词语——"贡献"来概括。部门的目标本质上是对组织的贡献。不论设定什么目标，如果不能对组织的长期和短期发展做出重要的贡献，那么这样的目标都是没有价值和意义的。基于这样的思考，一般部门的目标来源于组织的 O 或者 KR，即自上而下的方向；而另一个方向是自下而上，即根据部门员工的职能、业务，以及所掌握的资源或信息来思考本部门可以做些什么，才能对组织的 OKR 做出更大的贡献。

第4章 从OKR到挑战分析

当OKR设定完毕后，并不意味着OKR的策划过程已经结束。前文讲过，目标设定典型的误区就是有目标却没有行动计划。由此，大家能够立刻提出的问题就是"怎么做"——行动计划是什么。行动计划是否有针对性，对OKR的达成度至关重要。为什么要做挑战分析？这就是要让人们的行动计划能够"一击命中"，而不是形同虚设。在本章中，关于挑战分析主要对以下三部分内容进行介绍：

4.1 两类挑战CFF/KSF：主要介绍对两类挑战的定义和理解。

4.2 挑战萃取五步法：从流程和工具方面展示如何分析、提炼关键挑战。

4.3 根因分析5WHY法：对挑战进行深入分析，找到关键症结。

问题解答

Q12：如何确定OKR是否有效？——"贡献"＋"闭环"

此问题体现了这样一种情况：团队自行设定了目标，但组织不满意，认为这个目标不重要，需要考虑其他的重要目标。究其原因，是团队在设定目标时没有从贡献度的角度进行思考，即没有从整体和系统的角度来看待团队的工作，仅仅从团队本位视角来设定目标，从而

让目标失去了对上和对外的价值。解决这个问题,从时间维度来讲,一般有以下三个要点:

(1)在设定 OKR 之前,首先管理者应分析组织目标、本团队所属的大团队目标或者对自己团队有重要需求的其他团队目标,思考本团队或自己可以做出的贡献。

(2)在设定 OKR 时,团队按照 OKR 设定的流程来操作。(参见 3.1 节和 3.2 节的相关内容。)

(3)在设定 OKR 之后,管理者用反馈闭环的思维来问团队成员:"我们团队的目标完成了,对大团队/业务部门意味着什么呢?对他们目标的贡献是什么呢?"然后,团队确认目标的价值和贡献度。

4.1　两类挑战 CFF/KSF

需要挑战分析的情境

如果团队的目标实现起来没有特别大的挑战,已经有比较成熟的行动计划,对达成目标的把握度已经达到了八成,那么可以略过本部分内容。反之,如果管理者感觉团队实现目标很有挑战性,仅有五六成甚至更低的把握,那么本章的方法和工具将会给团队切实的帮助。管理者带上团队成员,或者邀请能够为团队的目标达成贡献智慧和经验的人,应用本章的方法和工具进行共创。

举例说明两类挑战

目前，团队已经确定好 O 和 KR，并且 OKR 符合 SMART 原则，清晰明了，可量化或可判断。接下来的问题就是如何达成目标。

先举例说明。目前的情形是这样的：管理者带领团队已经来到山脚下，准备开始登山。团队登山 OKR，如图 4-1 所示。

O：团队成员要在X月X日13时成功登顶。

　KR1：登顶的位置是峰顶巨型平台岩石。

　KR2：团队成员全部安全登顶。

　KR3：山下大本营第一时间收到登顶图片，支持赞助商营销。

　KR4：登顶后所剩食物能支撑团队成员返程。

图 4-1　团队登山 OKR

OKR 设定好了，团队就可以直接爬山吗？显然，不是这样的。

一般来讲，团队会邀请相关人员及专家共同分析在登山过程中可能会遇到的挑战，制订详细的预案，并进行有针对性的训练，然后才会开始登山。其实，这样的分析和训练早已经开始，而不是团队到了山脚下才进行的。这里只是借用一下这个场景而已。

团队开会讨论，成员了解到在这座山 4000 米处最近生成了一道壕沟，需要特别的工具和方式才可以逾越；另外，在这座山 5100 米处可能会有浓雾和云团。这是两个坏消息。其实，还有一个好消息，就是附近村庄有一个老向导刚刚归来，如果能邀请他加入团队，就是重大的利好。

以上两种情形都可以称为"挑战"。前者显而易见，属于常规的坏消息、阻碍或困难，可以顺理成章地称为"挑战"。而后者，属于好消息，但这位老向导已经向他人宣称不再做向导了，据说是因为一次失误才萌生退意。

这样来看，说服老向导，有效地抓住这样的有利因素也是一个挑战，也需要团队进行审慎的分析，研究出相应的对策。

两类挑战的具体定义

1. 关键失效因素——CFF

CFF（Critical Failure Factor），是团队达成目标可能会遇到的困难、障碍等，这是通常意义上的"挑战"。下面给出三个维度进行说明，尽管它们之间有一定的重合度，但这并不妨碍团队对关键挑战的理解和萃取。

（1）外部因素及内部因素。例如，政策变化、技术更新、客户要求提高、部门协同问题、产能突降等。

（2）人的因素及事的因素。例如，关键岗位人员离职、员工能力不足、员工自我设限、原材料价格上涨、品牌美誉度降低等。

（3）客观的因素及主观的因素。例如，周会效率低下、投诉处理流程冗长、团队对 OKR 信心不足、组织合作氛围不好等。

2. 关键成功因素——KSF

KSF（Key Successful Factor），从正面分析，它是达成 OKR 的关键成功要素。例如，高层管理者的支持、外部有经验的顾问以及各个团队管理者向下的辅导能力，都是推行 OKR 的关键成功要素。而如何取得高层管理者的支持，如何让各个团队管理者具备辅导团队成员的意愿和能力，同样是团队所面临的挑战。

需要说明的是，人们往往会聚焦在 CFF 上，而忽略 KSF。例如，某个新产品极其畅销，而其他的过气产品滞销严重。从销售额的角度来讲，畅销产品的潜力挖掘可能要比滞销产品的更加重要，前者是未来之星，而后者是明日黄花。但这个畅销产品潜力的进一步挖掘也不是那么容易的，如何解决这个问题就会成为一个关键挑战。通常，某些 CFF 是根本就克服不了的，而 KSF 能够挖掘的潜力可能超乎想象。

在这一节中，大家了解了 OKR 实现可能会有什么类型的挑战。那么，团队应该如何萃取这些挑战呢？大家请看下一节内容。

问题解答

Q13：团队分析得出的关键挑战并不"关键"，怎么办？——关注人和流程

这种情况一般是由几个原因造成的，其对策分别如下：

（1）**管理者的能力不足**。参考 2.2 节的相关内容，团队进行学习和演练即可。如果团队成员想要深入学习，那么可以参与引导技术的基础培训，也可以参考相关书籍。

（2）**管理者压制了成员的智慧**。首先，团队扎扎实实地做好 ME-WE-ALL 的第一个步骤；其次，团队管理者要做到最后发言；最后，把管理者自己的思考作为小组成员的思考之一，而不是作为管理者的观点来呈现。

（3）**参与者缺乏知识和经验**。遴选有知识和经验的人加入团队；邀请团队外部能够为这个 OKR 贡献智慧和经验的人参与研讨。

（4）**参与者的智慧没有被充分激发**。放下目前用头脑风暴法得出的结果，再来一次 ME-WE-ALL。例如，每个人给出 2~3 个至关重要的新挑战，以此为输入进行再次讨论。

（5）**OKR 是一个非常崭新的领域**。团队邀请在这个领域中有前瞻性或者有经验的人，不拘泥于组织内部的人参与分析挑战；或者先摸索一阵再来分析挑战。

4.2　挑战萃取五步法

什么是挑战萃取五步法

萃取挑战，分为两部分内容进行分析：先分析 CFF，再分析 KSF。这两部分内容的分析方法和操作步骤是相同的，完全可以重复使用。具体可以按以下五个步骤来操作：

（1）**头脑风暴**。每个人写下至少 3 条 CFF 或 KSF（如果目标复杂、项目比较大，就有必要按照 KR 来逐项分析）。

（2）**轮流分享**。每次分享一人一条，确保彼此相互理解。

（3）**归类整理**。将类似的挑战进行归类并整合，团队可以边分享边归类。

（4）**选择 2～4 关键挑战**。按对 OKR 达成影响度的大小进行排序，团队选择 2～4 个关键挑战。

（5）**描述挑战**。将挑战具体而明确地描述出来，这里得出的结果应该是一个句子，而不是一个词或者词组。

以 1.2 节中的销售业绩为例，OKR 的挑战分析如表 4-1 所示。

表 4-1　OKR 的挑战分析

O	KR	挑战	根本原因
O1：7月份团队700万元销售业绩	KR1.1：新签240万元 KR1.2：续约300万元 KR1.3：老客户追加160万元	挑战1：销售新人占比高，不能迅速形成战斗力。 挑战2：8~9月有两次展会，如何有效利用展会抓住大客户，提升销售额	1.1 **单店拜访耗时太长**——销售新人对销售产品介绍不熟导致其回答及解释客户问题浪费时间 1.2 **销售拜访路径规划有问题**——销售新人数量太多，没有时间进行销售拜访路径规划培训 1.3 现场不能针对大客户进行有针对性的宣传 1.4 展会的位置及布置不够醒目
O2：	KR2.1： KR2.2： KR2.3：	挑战3： 挑战4： 挑战5：	
O3：	KR3.1： KR3.2：	挑战6： 挑战7： 挑战8：	

OKR 挑战分析注意要点

团队对销售业绩的 OKR 挑战分析，不能简单地将挑战描述为：

- 销售能力不行。

- 后续展会的利用。

上述挑战分析没有将挑战描述得具体、明确，后续给出的解决措施针对性自然也不会很强，可能会出现如下空洞而无法执行的口号：

- 销售能力不行——提升销售能力。

- 后续展会的利用——有效利用后续展会。

如表 4-1 所示，即使挑战得到了清晰而准确的描述，大多也都属于外在表象，而不是内在的根本原因。在这个基础上，团队能够得到的措施仍然比较肤浅，不能切中要害。例如，针对上述完整描述后的挑战，对策大概率会写成这样：

- 销售新人占比高，不能迅速形成战斗力——对销售新人进行培训，形成战斗力。

- 8~9 月有两次展会，如何有效利用展会抓住大客户，提升销售额——有效利用展会进行大客户营销。

那么，团队需要怎么做呢？团队需要做的是在上述基础上进行下一个步骤——团队只有进行根本原因分析，才能采取有针对性的措施。

问题解答

Q14：如何确定团队找到的挑战是关键挑战？——闭环核查

对关键挑战的分析就是一个"挑战"。挑战分析其实在考察参与者对业务的理解和洞察，需要成员有相关的知识和经验，并且要求大家有参与的热情、开放的心态和解决问题的责任感。那么，如何确定团队找到的挑战是关键挑战？

团队可以用"反馈闭环"来进行检查。具体做法如下：

（1）挑战分析完成后，主持人请每个人对关键挑战写出一个直观的分数。主持人可以这样问大家："如果这些挑战得到了解决，那么对于这个 OKR 的达成，你目前的信心指数是多少？"

（2）主持人请大家轮流亮出自己的分数并说明理由。同时，主持人要求大家彼此倾听。满分为 10 分，如果分数在 8 分及以上，那么说明团队所找到的关键挑战还是比较准确的；如果分数在 7 分以下，那么主持人要向打分者询问建议。

（3）汇总分数完成后，如果分数还是低于 7 分，那么需要团队再次应用 4.2 节所给出的流程和方法补充讨论一次。主持人可以这样讲："我给大家 3 分钟的时间，请各位重新写下 2 条不同的关键挑战。"然后，继续萃取挑战。

需要说明的是，目前团队所做的分析，只是尽可能地对后续可能面临的挑战进行预警。这并不意味着团队能够预知所有挑战，并且能够分析得很正确。在后续执行过程中，**OKR** 需要阶段性迭代，同样挑战分析也需要随之持续迭代。

4.3 根因分析 5WHY 法

什么是根因分析 5WHY 法

关于根因分析，先介绍一个方法——根因分析 5WHY 法（见图 4-2）。这个方法源自丰田公司的"质量管理理念"。

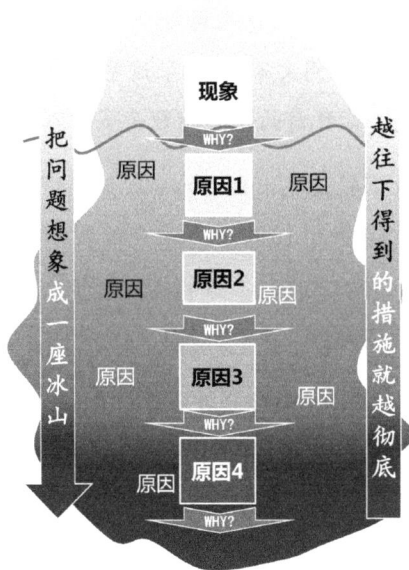

图 4-2 根因分析 5WHY 法

爱因斯坦曾说："我们不能用与问题同一层次的认知来解决该问题。"任何问题最初呈现的都是表象，而针对表象采取的措施，一般都不会奏效。人们需要做的是进行根本原因分析，不断向下纵深提问"为什么"，只有这样才能从表面原因，逐步深入到根本原因制定的对策也才能更加持久，从而彻底解决问题。

在文献中，常见的例子是"多年前美国华盛顿杰斐逊纪念堂前石碑腐蚀得很厉害"。如图 4-3 所示，在这个例子中，通过根因分析 5WHY 法，不断向下探寻"为什么"，通过第四个"WHY"得出纪念堂的灯光吸引飞蛾，从而逐步分析出导致纪念碑腐蚀的问题的根本原因。那么，最终的解决方案为：在黄昏时分延迟开灯 1 小时，以减少八成的飞蛾数量，从而以最低的成本和努力基本解决这个问题。这样，员工就没有必要因鸽子光临导致的脏污而频繁清洗纪念碑了，最终问题解决到人们可以接受的程度。

如果不这样进行根因分析，那在任何一个步骤都可以采取一些其他的措施，如鸽子管制、喷药灭虫等。这样，不但不能解决根本问题，而且又会带来其他的副作用，如成本问题、化学污染问题等。

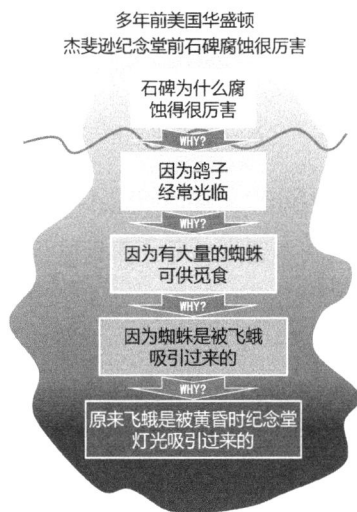

图 4-3　"杰斐逊纪念堂前石碑腐蚀得很厉害"根因分析

根因分析 5WHY 法的应用

以 1.2 节的销售业绩为例，销售新人占比高，不能迅速形成战斗力，利用根因分析 5WHY 法进行根因分析，如图 4-4 所示。

经过 3 个 "WHY"，团队便可以得到两个值得注意的根本原因：

- 销售新人对销售产品介绍不熟悉导致其回答及解释客户问题浪费时间。

- 销售新人数量太多，没有时间进行销售拜访路径规划培训。

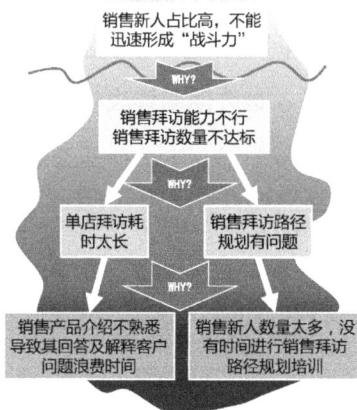

图 4-4   "销售新人占比高，不能迅速形成'战斗力'"根因分析

那么，根据这样的原因分析，其措施就不再是"进行新人销售培训"。这个措施看着像行动，但其实还是口号。而具体行之有效的措施可能如下：

- 进店演讲培训。

- 销售拜访路径规划培训。

大家发现经过根因分析后而采取的措施特别明确、具体、可实施，而不是悬在空中的感觉。这样的措施也有场景感、画面感和具有针对性。OKR 挑战根因分析如表 4-2 所示。

表 4-2　OKR 挑战根因分析

O	KR	挑战	根本原因	策略性举措
O1：7月份团队700万元销售业绩	KR1.1：新签240万元 KR1.2：续约300万元 KR1.3：老客户追加160万元	挑战1：销售新人占比高，不能迅速形成战斗力	1.1 **单店拜访耗时太长**——销售新人对销售产品介绍不熟悉导致其回答及解释客户问题浪费时间 1.2 **销售拜访路径规划有问题**——销售新人数量太多，没有时间进行销售拜访路径培训	1.1 进店演讲培训 1.2 销售拜访路径规划培训
		挑战2：8—9月有两次展会，如何有效利用展会抓住大客户，提升销售额	1.3 现场不针对大客户进行有针对性的宣传 1.4 展会的位置及布置不够醒目	1.3 提前收集大客户参照信息，遴选关键挑战，有针对性地准备材料 1.4 提前申请预算，搞定明星展位
O2：	KR2.1： KR2.2： KR2.3：	挑战3： 挑战4： 挑战5：		
O3：	KR3.1： KR3.2：	挑战6： 挑战7： 挑战8：		

根因分析 5WHY 法使用注意事项

虽然这个方法用起来看似不难，但需要一些具体的指导细则。其注意事项总结下来为"横向穷尽"和"重点突破"两个词组。

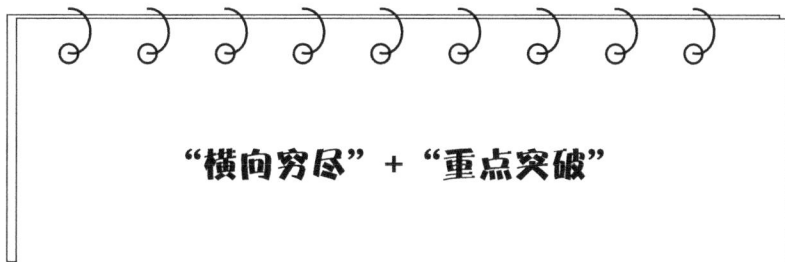

"横向穷尽" + "重点突破"

实际上，问题分析从来都不是从某一点开始的，也不是一条线纵深向下就能简单完成的。例如，在第一个"WHY"中，可能的原因就有 5 个，但哪个原因最关键和最重要呢？团队找到这样的关键点，沿着这个关键点向下再问"WHY"，进行重点突破，以此类推。

（1）"横向穷尽"的意思是团队在每一层分析原因时不能有重要的遗漏。

如果丢失了哪个至关重要的原因，团队会失去向下再次分析的机会。"横向穷尽"的方法可以应用 ME-WE-ALL，先发散再萃取。

（2）"重点突破"是团队在第一层找到 1~3 个最为重要的原因，分别问"WHY"，进入第二层再次聚焦少数重要的原因，然后进入第三层等。团队这样持续纵深挖掘，向下不断地问"WHY"，直到找出根本原因。

5 个"WHY"是一个大概率事件，而实际上复杂的问题也许值得问 7 个"WHY"，相对简单的问题也许 3 个"WHY"就找到了根本原因。

根本原因找到了，这时自然就是团队着手探讨解决方案的好时机。这里要进行说明——本质上，根本原因才是关键挑战。本书第 5 章将针对根本原因思考策略性举措，并制订行动计划。

问题解答

Q15：当根本原因分析完成后，团队发现有无法解决的问题，怎么办？——影响圈

这个问题在根本原因分析中比较常见。例如，团队发现的原因包括外部市场疲软、集团政策问题、竞争对手降价迅猛、定位低于对手而导致产品某些特性弱于竞争对手等。

这些原因一般都是团队不能改变的或者需要付出相当大的努力可能才会奏效，或者在短时间内即 OKR 的时间限度之内难以改变。正因如此，这些原因严重阻碍团队继续探讨的兴趣以及后续执行的士气。那么，团队应该怎么办呢？笔者推荐一个影响圈的模型（见图 4-5），它可以帮助团队解决这一类的困境。具体操作步骤如下：

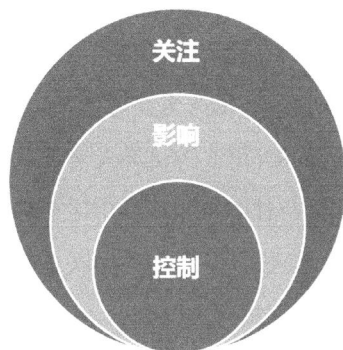

图 4-5 影响圈的模型

（1）团队成员将分析完整的各种原因写在纸卡上或者报事贴上。

（2）主持人在白板或者海报纸上画出影响圈的模型。

（3）主持人解释不同圈层所代表的含义。

- 控制圈。团队能够决定和掌控的内容，即通过团队的努力就可能解决的问题，基本不需要外部的协助和支持。

- 影响圈。团队可以施加影响，有可能解决但不能确保解决的问题。例如，团队需要努力影响其他跨团队、说服上级、通过客户/合作伙伴才有可能解决的问题。

- 关注圈。只能是提一提、说一下而已，团队短期内或者尽极大的努力都解决不了的问题。

（4）团队成员做出决定，将原因卡片逐一贴在影响圈模型的不同圈层里，并做出解释，从而达成共识。

（5）管理者带领团队聚焦在控制和影响的范围之内，探讨针对这些原因可以采取的措施。

心理学上有一句话："你的注意力在哪里，能量就在哪里。"人们可以通过这样的方法，引导团队放下无关紧要的诱发团队负能量的事情。人们不能改变的只能关注的这些原因到底叫什么呢？人们常用"客观条件"这个词来概括这些原因。这些难以解决的原因就是 OKR 目前存在的客观条件。换句话说，团队需要考虑的是："在这样的客观条件下，如何做才能有效达成 OKR？"这正是考验团队的信念和创新的时刻。反之，如果这些客观条件都可以解决，这个 OKR 也就没有挑战性。管理者可以用影响圈的模型带领团队成员以正向的、积极的方式来看待各种限制和客观上的不利因素。

第5章 从关键挑战到行动计划

OKR 的挑战性有其合理、积极的方面，但也会给人们带来内在的恐惧感、不知所措，甚至想要放弃。因此，挑战分析是一个转折点。挑战分析可以有效地帮助团队寻找和探讨影响 OKR 实现的关键症结，研究出相应的对策。当完成行动计划制订工作时，团队成员恐惧、茫然和放弃的感觉会被兴奋、信心和憧憬所取代，并特别期待团队赶快行动得到想要的结果。

从挑战分析到行动计划，不是一蹴而就的，团队要按照以下三个步骤来进行操作。

5.1 从关键挑战到策略性举措：针对关键挑战，团队讨论并提炼达成 OKR 的策略性举措。

5.2 从策略性举措到 TODO：团队将策略性举措转化为明确具体的核心行动。

5.3 从 TODO 到行动计划：团队将核心行动完善成为可执行的行动计划。

Q16：如何设定需要跨团队协同的 OKR？——"人"+"方法"

跨团队协同的 OKR 不仅是在执行时要跨团队协同，而且在设定时就要跨团队协同思考。团队在设定跨团队协同的 OKR 时，要有两个前提条件：

（1）将需要跨团队协同的人聚集起来共同设定 OKR，亮出每个人各自看法、观点和意见，提出各自的困难和担心，共同拟定目标和行动计划。

（2）一旦聚集了很多人，研讨的效率和方法就显得十分重要。团队可以应用 3.1 节中 OKR 设定的流程和方法；同时，研讨的主持人需要掌握并应用 2.2 节中所述共创工具。

5.1 从关键挑战到策略性举措

什么是策略性举措

策略性举措是针对挑战的根本原因所采取的对策。策略性举措是策略性的，不是针对根本原因全面的、事无巨细的对策，而是针对关键挑战的根本原因最关键性的少数对策。

如何研讨策略性举措

研讨策略性举措的方法是什么呢？一般分为以下两种情境来进行讨论：

（1）当团队成员人数比较多，有十几个人以上时，管理者可以针对几个关键挑战同时探讨对策。

（2）当团队成员人数比较少，只有几个人时，管理者需要针对几个关键挑战逐一按顺序解决。

共同讨论多个原因

团队可以继续沿用 ME-WE-ALL 核心理念，按照图 5-1 的六步法来实施。

（1）第 1 步：将团队成员进行差异化组合，不同小组讨论不同的根本原因。

（2）第 2 步到第 5 步是 ME-WE-ALL 的过程。这几步是几个小组针对不同的挑战根本原因同时思考对策，主持人注意掌控小组与小组之间时间节奏同步性。

（3）第 6 步：成员将策略性举措整理到纸卡上，以便后续探讨 TODO 来用。

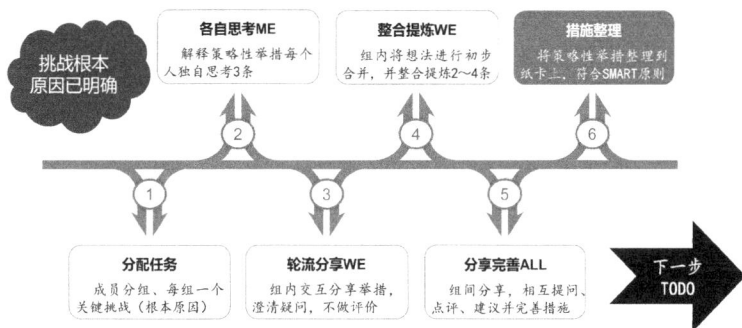

图 5-1　策略性举措讨论六步法

共同研讨一个原因

作为主持人，只需要引导一个小组，针对根本原因逐一进行分析。主持人只需要进行图 5-1 中第 2/3/4/6 步即可。

需要注意的是，策略性举措探讨完成后，主持人可能会发现有些根本原因的对策是相同的，这是很正常的现象。它相当于同一个动作，起到了多个作用。这如同苹果不仅能够提供人体所需营养，也能解决部分能量补给的问题。

问题解答

Q17：OKR 设定了，下属不知道如何推进？——上司辅导

此问题与在实践中"下属不知道如何做"的问题是类似的，即"上司分配下属一个任务，下属不会做怎么办呢？"答案是培养他，别无他法。那么，推进 OKR 的解决办法也是相同的，但前提条件是每个人要对 OKR 的理解和设定方法非常熟悉才行！具体内容包括：

- 上司需要培训下属，教他如何做任务。

- 在下属做任务的过程中，上司还需要跟进并加以辅导。

- 上司给予下属必要的支持。

- 针对下属的实际表现，上司要给予其相应的反馈和认可。

- 下属实在不会做，上司需要给下属再次示范，重新做一遍。

- 上司带领下属总结经验和教训，分配类似的任务，请下属再做一次。

因此，OKR 的推行，**至关重要的条件之一，是上司要具备对下属的辅导能力**。如果管理者一味地把期望寄托在团队内部 OKR 推行者或者外部顾问的身上，OKR 的推行就很可能会失败。

5.2　从策略性举措到 TODO

核心行动 TODO

在 2.1 节中简单介绍过 TODO 是为达成 OKR、解决关键挑战的核心行动。它是行动计划的核心部分。

那么，TODO 是从哪里得出来的呢？TODO 来自策略性举措，但 TODO 不等同于策略性举措。策略性举措类似于"好主意"，其表达了 TODO 的核心要义，但还不是行动计划的精准表达。例如，4.3 节中销售业绩的例子有两个策略性举措：进店演讲培训和销售拜访路径规划培训。其 TODO 具体如下：

- 对销售新人进行进店演讲介绍的培训和演练。

- 对销售新人进行销售拜访路径规划的培训和练习。

- 对销售新人进行陪访、观察和访后辅导。

- 对销售新人进行效果分享和复盘。

由此可知，TODO 不仅是具体可行的动作，而且一个 TODO 对应一个动作。一个策略性举措可能对应多个 TODO。

TODO 的整理要求

TODO 整理的标准

- 明确化、具体化。

- 可实施、可执行。

- 要具体动作，不要务虚的口号，一个 TODO 对应一个动作。

- 不同的人要有共同唯一的理解，而不应有不同的解读。

TODO 的具体格式

- 以动词开头的一个句子，即"动宾结构"短语。

- 要有具体的场景感和画面感。

- 注意名词添加适当的定语。

- 注意动词添加适当的状语。

举例说明，"缩短研发周期"，虽然这是典型的动宾结构短语，但这个表述作为策略性举措还说得过去，作为 TODO 就不具有可执行性。它可以改为"大幅改进研发流程，缩短研发周期"，或者"全面进行敏捷开发尝试，缩短研发周期"，或者"组织周期性实践分享，提升研发人员能力，缩短研发周期"。其中，三个具体的场景对应完全不同的方法和手段。虽然目标都是"缩短研发周期"，但是有适当的定语和状语进行修饰，使之更加具体、明确。

如何进行 TODO 整理

针对每个 OKR，将策略性举措整理为具体的 TODO，可以参照以下四个步骤：

（1）**提炼**。将策略性举措按整理标准和具体格式梳理为 TODO。其中，策略性举措如果包含不同的动作，就要进行分拆和整理。从经验的角度来讲，笔者建议用 8 个以上的汉字来描述 TODO，否则很难表达清晰。

（2）**合并**。如果不同的策略性举措产生的 TODO 相同，就可以将其合并为一个 TODO。

（3）**成卡**。团队成员将完成的 TODO 写在报事贴上，以方便后续随时移动排序。

（4）**排序**。每个人在每张报事贴的右下角标出这个动作的开始时间，并按时间先后排序。关于时间，团队可以根据 OKR 的最终完成时间倒排工期并进行评估。

这样，团队就收集到了所有具体的 TODO。1.2 节中销售业绩例子中 TODO 产出，如图 5-2 所示。然后，下一步骤就是将其完善成具体的行动计划。

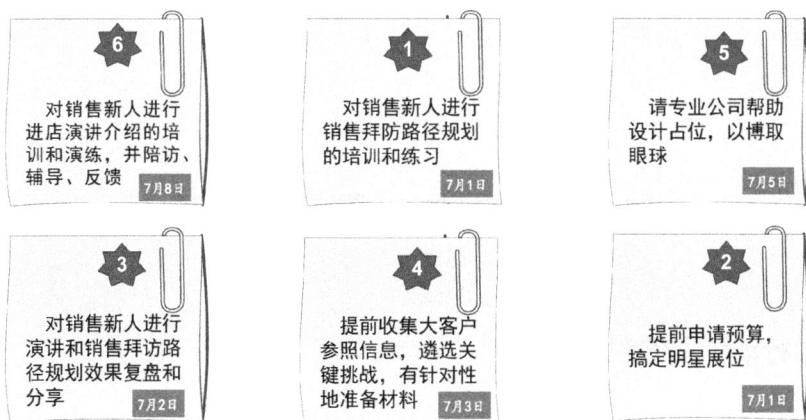

图 5-2　从策略性举措到 TODO 整理步骤

Q18：TODO 要详细到什么程度呢？ ——切中要害

TODO 不是行动计划，而是针对 OKR 或者关键挑战的核心行动，即起决定性作用的、需要采取的少数重要行动，符合聚集关键的管理原则。因此，TODO 的关键点不是详细计划，而是切中要害的关键点。TODO 的描述要清晰具体、可执行，团队成员有共同的理解。另外，TODO 要实现逆向闭环，即如果能够完成 TODO，OKR 的实现就有了基本的保证。（关于聚焦关键和反馈闭环，详见 7.2 节、7.3 节的相关内容。）

5.3 从 TODO 到行动计划

行动计划的制订步骤

这个步骤可以参照一个模板（见图 5-3）来完成，具体内容如下：

（1）将前面得到的 TODO 按照开始时间先后的顺序贴在第一列。

（2）横向逐项完成每一个具体措施的行动计划。

OKR	7月份团队700万元销售业绩 KR1.1：新签240万元 KR1.2：续约300万元 KR1.3：老客户追加160万元	OWNER WHEN	TL: KK 7月31日

步骤 WHAT	负责人 WHO	时间 WHEN	产出 OUTPUT	资源支持 RESOURCE
① 对销售新人进行销售拜访路径规划的培训和练习 7月1日	A	7月1日	考试演练	无
② 提前申请预算，搞定明星展位 7月1日	B	7月1日	预算 明星展位	领导F 特别预算
③ 对销售新人进行演讲和销售拜访路径规划效果复盘和分享 7月2日	C	7月2—9日	演练考试	无
④ 提前收集大客户参照信息，遴选关键挑战，有针对性地准备材料 7月3日	A	7月3—5日	大客户名单 宣传材料	市场部小D

图 5-3　从 TODO 到行动计划制订步骤

行动计划注意要点

行动计划的关键要素为 WHAT、WHO、WHEN，以及 OUTPUT、RESOURCE 两个关键点，共有五个要点。

（1）**WHAT**：已整理好的 TODO。

（2）**WHO**：尽量填写具体的人名，而不填写岗位或者职位。这是因为岗位或者职位不如名字更能引起对方的注意。在实践中，经常出现以下情况："填写岗位没人理睬，但把名字放上去后，他就会来找你进行核对并讨论了。"

（3）**WHEN**：设定开始时间和完成时间，若行动一天就可以完成，只写某个日期即可。

（4）**OUTPUT**：它是每一个步骤完成后具体的可验证的结果和产出。

其中, 部分产出可作为 OKR 的 "里程碑"。

（5）**RESOURCE**：它是指团队所需的资源和支持, 特别需要的人、财、物以及其他资源的支持。

上述步骤完成后, 管理者就可以将行动计划做成甘特图用来进行后续过程的跟进和管理。

问题解答

Q19: 在 OKR 后续的实施过程中, 其他职能部门不配合怎么办？——协同设定

在本质上, 这个问题可能是 "职责分工、流程制度、组织文化、个人能力和意愿" 等各方面问题的综合体现, 而不是 OKR 独有的问题。如果一定要在 OKR 后续的实施过程来解决这个问题, 那么可以考虑如下几个关键点：

- 在前期设定 OKR 时, 团队要与相关职能部门共同设定。

- OKR 设定出来后, 其他各职能部门需要就相应的计划去做横向的确认。

- 重要的、协同困难的 OKR, 在行动计划中, 其他各职能部门需要商定后续过程的控制计划, 即把后续如何跟进、反馈也要面对面地约定下来, 并写在行动计划之中。

- 必要时, 其他各职能部门可以共同制定约束机制, 并相互承诺。

- 在人际关系上, 定期深入沟通双方的需求和可以提供的支持, 以增强彼此的信任, 而不仅是因设定 OKR 才需要彼此配合。

第6章 OKR 的跟进与迭代

第 3 章到第 5 章，大家完成了 OKR 的设定，这仅仅是大家拿到最终结果的开始。在实践中，OKR 过程管理更为艰辛，更加考验管理者的耐心和信念。如何做才能让管理者在纷繁复杂、持续变化的工作中聚焦关键、排除干扰，对 OKR 进行有效的跟进和管理，得到相应的成果呢？这是本章需要解决的问题。

OKR 过程管理的核心关键是方法和工具的轻量、敏捷和易于操作。关于 OKR 的跟进和迭代，本章分为以下三节内容进行介绍：

6.1 轻跟进——"三只青蛙工作法"：简捷有效的周会工具，并进一步延展。

6.2 快迭代——OKR 迭代三问法：OKR 后续迭代和调整的核心流程和具体做法。

6.3 慢改变——真正固化新方法：探讨新的管理方法和工具有效落地的保障措施。

Q20：目标变化太快，如何处理计划与变化之间的关系？——"前瞻" + "迭代"

"计划赶不上变化"，这是所有策划者和执行者的烦恼。而换一个角度来看，这正是当下人们工作的常态，正是人们所需要接纳和适应的现实。如何相对地缓解计划与变化之间的矛盾、减少策划者和执行者的烦恼呢？总体来讲，有两条路径：一条是在制订计划时要更具有前瞻性；另一条是在后续执行过程中要对计划持续地迭代和调整。

1. 计划要更具有前瞻性

任何组织都生存在一定的外部环境中，其中影响组织的关键驱动因素变化的快慢，直接决定了组织计划的有效性。真正的目标设定都是团队当初基于对外界变化趋势的洞察，并结合自身情况和意愿来决定组织的目标和工作重点。这样的目标和工作重点应该是长短期——未来和当下平衡的结果。因此，在设定 OKR 时，团队对未来的思考就显得至关重要。如果只基于当下甚至过去的经验来设定 OKR，很显然计划的前瞻性就大打折扣。彼得·德鲁克曾说"未来已来"，即**影响团队业务的未来因素大多在当下已经崭露头角**，关键是团队成员如何做到有所觉察并且将其纳入团队成员的视野进行思考并实施行动。

2. 计划的持续迭代和调整

不论多么完美的目标和计划，在后续实际执行时都需要进行适当的调整，甚至可能推倒重新设定，这是正常的现象。尼采说："制订计划总是充满愉悦，伴随着快感。开始执行计划之后，各种障碍、绊脚石、愤恨、幻灭便会出现在你眼前。你只有两种选择——逐一克服或半途而废。那么，我们究竟该怎么做呢？一边执行计划，一边修改计划。这样一来，就能在享受的过程中实现计划。"OKR 也是如此，管理者要阶段性地确认："当下的 OKR 对未来是否有意义？是否存在更加重要的任务值得团队完成？是选择继续修订这个 OKR，还是选择设定新的OKR？"这几个问题值得管理者在关键节点时进行仔细思考，带领整个团队共同研讨。

6.1　轻跟进——"三只青蛙工作法"

借鉴"吃掉那只青蛙"的概念，笔者设计了一个简捷的工具——"三只青蛙工作法"。在实际工作中，可以将其细化为"三只青蛙周会法""三只青蛙月会法"等，实际应用效果非常好。

"三只青蛙工作法"的核心理念，首先是聚焦关键，即在任何单位时间之内，真正重要的事情是只有三件甚至更少，而不是更多。具体内容如下：

- 每个人每天有三项重要的任务。

- 每个人每周只有三件重要的事情。

- 每个人每月、每季度有三项重要的任务需要完成。

这样的三件事情或三项任务与紧急度无关，而与重要程度有关。它是组织、团队、客户、团队成员最为重要的三件事。试想一下，如果每个人每天能够做好两三件重要的事情，那是不是个人、团队和组织的绩效就都有了？

具体来讲，对于一个季度最为重要的三项任务，管理者要怎样进行管理呢？答案是用 OKR 来进行策划，并用"三只青蛙工作法"来进行跟进、实施。"三只青蛙工作法"与 OKR 在数量和重要程度上是对应的，它是对 OKR 的管理方式的延续。

OKR 的设定，最终会形成 TODO。其中，TODO 按照时间维度一定会落实到某一周。在以周为单位的时间内，与 OKR 相关的 TODO、负责人、"里程碑"共同构成一条完整的行动链，这是团队每一周需要完成和跟进的工作。此时，不论多忙或者有其他临时任务，与 OKR 相关的 TODO 的工作，团队都应该雷打不动，要保证时间节点、保证结果或超出预期完成。而其他相对不那么重要的任务，团队可以考虑适当降低质量要求，在时间上延后一些，甚至暂停或者放弃不做。只有这样，团队才能聚焦时间、精力和资源，保障关键 OKR 的顺利完成。

OKR 跟进的关键是周会的有效性。笔者曾作为旁观者观察过某个团队的周会。这个周会与其说是周会，不如说是管理者与团队成员一对一逐个开会。例如，下属 A 汇报，上司提问点评；下属 B 汇报，上司提问点评。汇报完的人埋头处理自己的事情；没有轮到的人或者在准备材料，或者暂时忙于其他工作等待汇报。这样的周会是"三没有"：没有参与、没有讨论、没有热情。

管理者也觉得不太对劲，但没有什么好的解决办法。笔者观察完这个周会之后，教会管理者使用"三只青蛙周会法"，很好地解决了上述问题。

周会的基本流程为先回顾上周工作，再讨论下周计划。为了便于成员理解，团队会按照每周工作开展的原本时间序列，先介绍本周工作计划，再说明上周工作总结。

本周工作计划

提前准备计划

团队成员要根据OKR以及其他动态的需求来确定自己的每周重点工作事项，填写在表 6-1 中本周工作计划部分，提前发送给团队所有与会人员。在本周工作计划中，团队成员要用最为简洁、清晰的语言说明。

- 任务是什么。

- 目标/目的是什么。

- 挑战难度系数如何。

- 核心措施是什么。

表 6-1　"三只青蛙周会法"工作总结与工作计划

本周工作计划					
序号	任务	目标	难度	核心措施	说明
1					
2					
3					

上周工作总结					
序号	任务	目标	结果	状态	说明
1					
2					
3					

如果任务来自OKR，任务就是行动计划中的 WHAT，目标就是行动计划中的"里程碑"。如果任务为其他来源，那么目标与 OKR 中 O 的写法是相同的要求，即"做……达成……"。前者是任务；后者是目标。挑战难度系数分为 1 ~ 3 星：

- 1星：没有难度，绝对保证完成。

- 2星：有难度，但在周会之前必须事先准备解决方案。

- 3 星：有很大的挑战难度，达成目标比较困难，团队需要共同讨论并提供相应的支持。

计划的汇报

在团队会议上，每个人无须汇报全部细节，只需要按"三只青蛙周会法"的格式进行简捷汇报和分享。具体做法如下：

- 1 星：一句话说明任务和目标，无须说明措施。

- 2 星：需要补充说明措施，征求意见并记录相关意见，不做讨论。

- 3 星：由汇报者提出"邀请谁参与、在什么时间进行研讨、在什么时间拿出举措"。在团队会议上只确定 WHO 和 WHEN，相应研讨在会后小范围内实施。

上周工作总结

工作总结提前完成

上周工作总结要对应上周工作计划，形成闭环。团队成员也需要提前完成工作总结，按表 6-1 中总结部分填写，并发送给团队与会人员。表格内容包括：

（1）任务和目标：与上周工作计划内容相同。

（2）结果：到目前为止，此项工作的实际产出和进展情况。

（3）状态：就目前的实际产出和进展情况与原计划进行比较。状态具体分为三种类型，可以用颜色进行区分管理。

- 绿色：表示一切正常。

- 黄色：表示暂时有问题，但在后续/下一周可以赶上进度/达到标准。

- 红色：表示问题比较严重，一定会对后续进度和质量产生不可逆的影响。

工作总结的汇报

汇报者在汇报工作总结时，不同的状态详略表述的方式不同：

- 绿色：表示一句话说明状态即可。

- 黄色：表示汇报者不仅说明状态，还要提出 2~3 条的关键举措，以保证在下一周赶上进度，达成目标。

- 红色：表示由汇报者提出"邀请谁参与，在什么时间进行研讨，在什么时间拿出举措"。同样，会议上只确定 WHO 和 WHEN，相应的研讨在会后小范围内实施。

需要说明的是，汇报者在汇报工作总结时，"三只青蛙"可能会变成"四只青蛙"，即本周内也许有其他的重要任务给到某位成员，这样他就需要汇报四件事情。管理者以及成员都要注意的是在任务下达或者接受时就需要明确这个任务是否会成为"第四只青蛙"。

特别强调的是，团队运用"三只青蛙周会法"的流程进行开会，完全可以请团队成员轮流主持会议。这样，不仅能促进各个成员的投入度，还能提升个人主持会议的技能。

"三只青蛙周会法"的作用

（1）**聚焦关键任务**。每个人聚焦到少数重要的任务——OKR 的 TODO 上，让一周的工作重点突出，使有限的资源能够产出最大化。

（2）**明确结果导向**。"三只青蛙周会法"不论是计划还是总结，都能聚焦到任务背后的目标以及实际的结果，**避免了用"做了什么"来替代"达成了什么"**，团队能够以结果导向的方式来进行工作。

（3）**实施反馈闭环**。任务有开始，就一定有结束。结束的意思不是"完成"，是指闭环。具体来讲，任务可以终止、可以没有完成，也可以出问题，但不能不了了之，要有措施、有汇报、有说明、有反馈。反馈闭环一个俗语称做事"靠谱"。

（4）**激发自我管理**。如果团队成员能够自己寻找重要任务、设定目标、并邀请他人帮助自己，而不是依赖或坐等管理者来分派、说明和帮助，也能够自我总结、提出解决方案、前后闭环，团队成员的自我管理就会被激发出来。

自我管理从来都不是完全靠自发、自愿来形成的，也不是通过管理者的教训、批评或者培训能达到的。当然，自我管理更不是通过简单的物质奖励就可以实现的。自我管理没有捷径，只有通过机制规范、管理者的管理技巧和坚持才能达成。"三只青蛙周会法"的实施，可以有效地推进团队成员的自我管理。因此，团队管理者要做的工作如下：

- **推进机制**。在团队中，管理者推进"三只青蛙周会法"的机制，运用这种方法进行 OKR 或者重点工作的跟进。

- **提出要求**。管理者用"结果导向、聚焦关键和反馈闭环"的方式来给团队成员提出要求。

- **赋能支持**。管理者给团队成员一定的管理空间，引导他们自我解决问题，进行必要的赋能，并提供必要的支持。

- **目标对焦**。在目标和任务上，管理者与团队成员保持对焦——团队 OKR 与团队成员 OKR 在周工作计划上要保持承接的关系。

团队成员可以自我闭环重点工作，有问题主动反馈并解决，在目标设定上与管理者保持一致。团队成员养成自我管理的工作习惯，OKR 的落地也就有保障了。当然，这个过程不是一蹴而就的，如何改变团队成员固化行为习惯，参见 6.3 节的相关内容。

"三只青蛙工作法"的应用

1. 每日"三只青蛙"

某些团队是这样做的：团队管理者请团队成员每天在团队群里公告自己每天的"1 ~ 3 只青蛙"，即当天必须完成的重点工作，并且进行自我跟进和闭环，第二天公告前一天"三只青蛙"完成状态。这样，不但可以帮助每位团队成员有意识地确定每天的工作重点，而且以公告的方式来促进团队成员自我管理。团队管理者无须做特别多的工作，只要提供必要的支持以及要求大家做到公告就好，这就是透明的力量。

2. "三只青蛙月会法"

团队确定每月的三个重点工作，借鉴"三只青蛙周会法"，改成"三只青蛙月会法"即可。

3. 不同的管理周期

其实，真正的管理周期是根据实际情况来设定的。例如，某些团队以 10 天为一个周期可能更合适，不必拘泥于周会或者月会。

问题解答

Q21：如何判断 OKR 是否需要迭代？——内外评估

总体来讲，OKR 需要迭代的两个前提条件：一是设定 OKR 的外部环境发生重大的变化；二是团队内部实施中遇到重大的意外挑战。

一般来讲，OKR 的设定是有一定的外部前提条件的。例如，销售额目标的设定前提条件之一是客户端市场的发展趋势，重点大客户经营正常——汽车产量 OKR 的前提条件之一可能是海外供应链的稳定供应。如果外部前提条件发生了重大的变化，仅靠实施计划的调整也无济于事，此时就需要调整和迭代 OKR 本身。

团队内部实施中遇到重大的意外挑战，如药品研发，关键的技术攻关不能如期完成；OKR 小组核心成员离职，其他人不能有效的承接等。如果遇到这样的团队内部挑战，就需要调整和迭代 OKR 的实施计划。

6.2 快迭代——OKR 迭代三问法

在本质上，OKR 的迭代是团队做出的选择：或者迭代 OKR，或者迭代 OKR 的实施计划。如图 6-1 所示，只要解决三个具体问题（OKR 迭代三问法)，并结合轻跟进的操作方法,管理者就可以带领团队共同快速地做出决定。

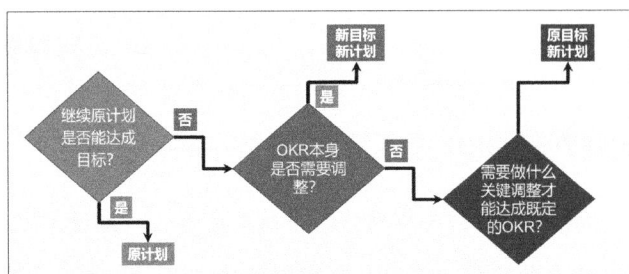

图 6-1 OKR 迭代三问法

通常，管理者考虑 OKR 迭代的时机是团队月会。但是，如同 Q21 所述，OKR 成立的内外部条件都在发生快速的变化，只依靠团队月会是不够的。在周会结束之前，任何团队成员都可以提出建议："我认为我们有必要探讨 OKR 的迭代问题。"一旦团队成员提出这样的建议，后续就可以进行如下具体操作。

1. 说明理由，澄清想法

主持人请这名团队成员（也可能是管理者本人），就其 OKR 需要进一步迭代的理由进行说明并请大家轮流提问，澄清这名团队成员的想法。需要注意的是，这里容易犯的错误是把"提问"当成"质疑"。

2. 阶段性总结 OKR

主持人将 O 和 KR 向大家重新明确，简要回顾 OKR 的目前进展，以及后续行动计划。

3. 决定是否继续执行原计划

（1）主持人向大家提问："如果继续目前的计划，那是否能够达成原来的目标呢？"

（2）主持人请大家保持沉默，用 2 分钟时间进行思考，并写下各自的答案和理由。

（3）主持人请每个人轮流分享各自不同的观点，如若相同则不用重复表述。主持人邀请团队成员彼此倾听和理解，并进行简短的提问和回答（如果团队成员比较多，可以采用 ME-WE-ALL 工具），以做到真正理解他人想法，而不是主观臆断。

（4）主持人请大家重新做出决定，是否继续原计划执行。如果答案为"是"，则团队继续执行原计划；如果答案为"否"，则主持人首先需要判断是否需要调整 OKR。

4. 决定是否修改 OKR

（1）主持人向大家提问："我们的 OKR 是否需要调整呢？"

（2）主持人请大家保持沉默，用 2 分钟时间进行思考，并写下各自的答案和理由。

（3）重复**"决定是否继续执行原计划"**中的步骤（3）即可，然后请大家重新做出决定，是否修改 OKR。

如果答案为"是"，团队需要修改 OKR；如果答案为"否"，则进入到第三个问题，进行计划的调整阶段。需要说明的是，主持人应与团队成员先说明 OKR 迭代的两个前提条件：一是外部环境发生重大的变化；二是团队内部实施中遇到重大的意外挑战。除上述两种情况外，一般都适合调整 OKR，而不调整行动计划和资源配置。

如果 OKR 需要修改，就可能出现两种情况：一种情况是现有的 OKR 已经完全没有意义，需要重新设定，可以重新回到 OKR 的定义和设定流程，得到的产出就是新的 OKR 和新的 TODO；另一种情况是 OKR 是有意义的，只是需要做些调整，原来的行动计划也许部分有效，得到的产出就是修订原来的 OKR 和原来的行动计划。

5. 决定如何调整计划

（1）主持人向大家提问："行动计划需要做怎样的关键调整，才能达成既定的 OKR？"

（2）主持人请大家保持沉默，用 3 分钟时间进行思考，并写下各自的答案和理由。

（3）主持人请成员或小组轮流发言，做到彼此相互理解。

（4）主持人在白板上列出所有不同的想法。

（5）主持人将不同的想法进行整合提炼。

（6）主持人邀请大家做出判断和选择，建议用二维评估矩阵来进行筛选。二维评估矩阵可以分为对 OKR 的贡献度和计划实施的难易程度两个维度。

（7）最后，主持人决定如何修改计划，明确责任人和时间节点，更新原计划并同步到相关人员。

问题解答

Q22：OKR 滚动更新的周期是多长？——可长可短

一般来讲，3 个月的 OKR 需要每周进行一次更新。如果是半年或者年度的 OKR，那么更新的周期自然也需要适当延长，而重要的节点，如 OKR 的"里程碑"必须按时更新。另外，更新的频次取决于 OKR 进展的顺利程度。如果 OKR 进展不顺，则可能需要缩短更新周期；如果 OKR 进展很顺利，则可以考虑减少更新频率。这样，团队可以去聚焦精力关注更有挑战性的 OKR。

6.3 慢改变——真正固化新方法

OKR 跟进和迭代的方法看似简单，但若要真正发挥作用就离不开整个团队持续应用的决心与毅力。

在行为心理学上有"21 天效应"的说法。它是指人某些习惯的改变需要至少坚持 21 天。而实际上，固化一个习惯需要更长的时间。那么，这意味着管理者不能仅依靠给团队成员做个培训，让大家了解方法和工具，就指望团队成员一定能够遵照执行、改变习惯。这样的想法要么是太过天真，要么是不懂管理，甚至是不负责任。彼得·德鲁克说："**优秀是一种习惯。**"人的行为只有重复一个动作，才有可能成为习惯。因此，本质上，人改变的不仅是行为，还是习惯。

"慢就是快"用在这里很合适。如果能以"慢"的心态来进行新方法落地和实施，管理者就有了耐心和坚持，做得更加扎实有效，而不是表面上看似很快，实则根基不稳，只是暂时起效。

OKR 跟进和迭代，与其他任何新的管理方法相同（当然也包括 OKR-C-TODO），落实和推进都需要注意四个关键要点，下文以"三只青蛙周会法"为例进行说明。

良好的培训和分享

团队培训和团队成员分享要做到如下内容：

（1）**培训和演练**。团队要进行充分的准备，为团队成员提供优质的培训。培训不仅要涵盖合适的方法和工具，还要以团队相关的具体情境进行实操和演练，以做到团队成员对方法和工具的感性掌握和初步验证，而不仅是理性上的合理。

（2）**反思和激发**。当完成培训和演练后，管理者要引导团队成员进行理性思考，对比"三只青蛙周会法"的演练效果，反思以往周会中出现的问题或者不足，激发团队成员应用新方法的意愿。

必要的约束机制

在理解方法、激发意愿的基础上，实施新方法之前，管理者应与团队成员共同分析："我们如何做才能使'三只青蛙周会法'收到真正的成效？"笔者建议管理者与团队成员共同探讨如下几个问题：

- 对于团队来讲，成功应用"三只青蛙周会法"的阻碍究竟是什么？

- 团队需要采取哪些手段和措施来解决这些阻碍？

- 团队需要制定哪些公约或者机制来约束团队成员，保障新方法和新措施的执行？

管理者可以采用 ME-WE-ALL 工具，带领团队成员就上述问题进行探讨并达成共识。这样，可以为后续的工作实施在团队成员的心理上奠定基础，在团队成员行为上有所约束。

实施过程的坚持和反馈

1. 坚持和反馈

"三只青蛙周会法"的实施是否能按照事先约定坚持下来，非常考验团队管理者的韧性和决心。周计划和周总结的收集、审阅、纠正、反馈等工作，甚至需要打回重做，这都是有可能的。管理者坚持一分，效果就增加一分；管理者坚持一天，效果就持久一天。团队对这件事情的重视在于管理者的要求和坚持已深入骨髓，每个人的行为也在这个过程中不断固化。

2. 逐渐固化

关于习惯的改变，逐渐固化才是真正的固化。但凡管理者第一天要求过，第二天立即做到的行为改变，往往都难以持久。因为人看到立竿见影的结果，往往就会放松警惕。接下来，通常到了第 7 天、第 10 天，新的行为就会慢慢地松懈下来，固有的习惯和做法就会重新逐渐浮出水面。这时，才是新旧习惯转换的关键节点，这里的坚持才是新习惯真正塑造的过程。

3. 没有捷径可走

对于"三只青蛙周会法"的实施，切实奏效的法宝是什么呢？它就是在执行过程中团队对标准要求的重复坚持，对结果有坚定不移的信念。尽管这看起来有些俗套甚至令人感觉有些乏味和琐碎，但除此之外，别无他法。习惯的塑造是没有捷径的，如同一个孩子从拖拖拉拉到日事日清，甚至提前完成计划，这样的改变需要孩子和家长付出相当大的努力并持之以恒。

阶段性的复盘和调整

除过程的坚持和反馈外，阶段性的复盘和调整同样重要，主要做法如下：

1. 以成果来激励团队成员

管理者请团队成员分享新方法应用的效果和影响，以鼓励大家继续坚持下去。同时，对想要放弃的成员也能够用成果刺激他进行反思，究竟是方法不好，还是自己没有用对方法或者意志不够坚定，以激发其继续实践下去。

2. 适当调整方法和工具

方法只有具有通用性，才可以传播和学习。但正因其通用性，意味着对具体情境的适用性必然差一些。因此，总结、分析、调整和优化显得很有必要。团队需要在原来的基础上，结合自身的实际情况，对方法和工具进行适当调整，以更加适应自己的管理现状。但这有一个前提条件，即团队成员对原方法和原工具必须充分理解、充分实践。如果没有经过反复实践就做不到真正理解，团队成员就想着改进和调整它们，到头来可能会什么也得不到。

问题解答

Q23：团队成员对 OKR 不重视、不了解，怎么办？——上司的责任

　　在团队中推进 OKR 的前提条件，是直属上司对 OKR 的应用有认知、有实践，能够对下属进行辅导和支持。这样，团队成员不重视、不了解的 OKR 可由直属上司对其进行培训和管理，并从各自职能和专业角度予以指点和辅导。组织内部顾问的职责是对各部门管理者进行帮助和支持，组织内部顾问不能越俎代庖。这样做的效果会事倍功半。

第 3 篇

OKR 的管理与评估

第7章 OKR 管理三原则

从第 3 章到第 6 章，大家共同经历了定义 OKR，萃取挑战 C，完成了 TODO 及行动计划，并对 OKR 的过程管理给出了"三只青蛙工作法"和 OKR 迭代三问法。

在这个过程中，无论讨论到哪里，其实人们始终都遵循着以下三个基本管理原则，这也是本章的重点内容：

7.1 结果导向——做正确的事。

7.2 聚焦关键——把事做正确。

7.3 反馈闭环——要有始有终。

这三个基本管理原则不但在 OKR-C-TODO 的设定和过程管理中得以淋漓尽致的体现，而且在本书后续的内容中也有体现，如本书第 8 章和第 9 章中也涉及非常重要的 OKR 管理原则。具体内容如下：

- 第 8 章 OKR 管理三阶段——定目标、抓过程、复结果。在三个阶段中，前两者的体现已经做介绍，此处不再赘述。在最后一个阶段，"复结果"就是团队对整个目标管理过程的反馈闭环，并利用聚焦关键的原则进行发散和收敛，以取得关键的反思和学习。

- 第 9 章 OKR 绩效评估——针对个人目标绩效结果的复盘和评估。很显然，OKR 管理三原则的应用与"复结果"类似。同时，OKR

的绩效评估在三个核心工具的设计和使用中，也体现了 OKR 管理三原则的精髓。

另外，在团队的日常工作管理中，OKR 管理三原则也是十分重要的管理原则。具体表现如下：

- 管理者做演讲或者与下属沟通，结果导向很重要。管理者只有十分清楚自己的目标和目的，才会更聚焦、更容易组织素材，否则就很容易"跑题"。

- 与客户开会、向上司最汇报，是否聚焦到几个关键点上，决定了这次会议或者汇报的成败。

- 在向下属分配任务、后续跨部门追踪中，反馈闭环同样适用。

问题解答

Q24：除结果导向、聚焦关键和反馈闭环外，还有哪些其他的重要管理原则？——四个管理原则

（1）**贡献整体**。在团队管理中，团队存在如下问题：如何做才能寻找到工作的意义和价值；如何做才能对组织和团队有所贡献；如何做才能有大局观和战略性思维；如何做才能用意义、价值和贡献来激励下属。"贡献整体"这一原则可以帮助人们找到上述问题的答案。本质上，贡献整体在阐明管理者的责任究竟是什么。

（2）**利用优势**。人才发展的关键要点是发展优势，而不是改进弱势。具体来讲，管理者的任务是挖掘并发挥下属的优势，而不是改变他的弱势。另外，人们在思考组织使命、制定战略、梳理商业模式等与业务直接相关的主题上，利用优势同样重要。没有任何一个组织是

因改变了弱势而成功的，最为关键的因素是发挥了其优势。

（3）**打造信任**。作为团队管理者，与任何一个其他角色，不论是上司还是下属，首要的任务都是与其建立最基本的工作信任关系。如果没有信任，工作就无法正常开展。因为信任是有效管理的基础，所以管理者首先应做到相信他人，并努力去赢得他人对自己的信任。

（4）**正向思考**。在工作中，团队总会遇到困难、挑战、挫败，甚至各种打击。优秀的团队管理者往往会正面地、积极地看待这些问题。团队管理者会努力地思考："我还需要做什么，团队才会有所改变？"而不是把希望寄托在他人身上，期待他人有所改变。优秀的团队管理者深知消极的、负面的思考是做不成任何事情的。他既会用正向思考来激励自己，也会激励下属进行自我激励。

这四个原则与结果导向、聚焦关键构成了有效管理的六个原则，在弗雷德蒙德·马利克的《管理成就生活》中有详细的解释，此处不再赘述。为了简化理解，需要读者注意的是，在笔者解释的 OKR 管理三原则中"结果导向"，涵盖"贡献整体"的意思。

7.1　结果导向——做正确的事

什么是结果导向

关于结果导向相对全面的理解，读者可以参考弗雷德蒙德·马克利的《管理成就生活》中第一个管理原则——结果导向。结果导向保证团队做正确的事，并且展现对做正确的事的坚持和执着。下文就笔者理解的结果导向给出两个方面的解释。

聪明地工作，目的优先

任何任务均有三个层次——WHY、WHAT、HOW，分别是为什么做、做什么和如何做。如图 7-1 所示，在"结果导向"黄金圈中，WHY 是最为重要的，而 WHAT 以及 HOW 都是为 WHY 服务的。

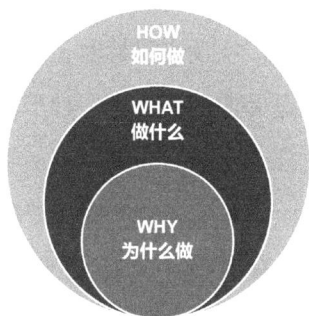

图 7-1　"结果导向"黄金圈

例如，上司让秘书去买一个花瓶，而秘书如果问"买什么样的"，就不如问"买花瓶的目的是什么、要做什么，用到哪里"。买花瓶的任务是"做什么"，是中间层级。秘书若要完成这个任务，就需要问更加深入的问题，如"为什么要买、要做什么、目的是什么"；也可以问浅显而实操的问题，如"买什么样的、多大尺寸、什么价格"。很显然，WHY 决定了 HOW。如果"目标和目的"没有弄清楚，"如何做"就不能在根本上奏效。例如，花瓶是摆在书架上用来做装饰品的，还是放在案边用来插花或者用来送给乔迁新居的友人，因此秘书所买花瓶的大小、款式有显著的差异。

由此可见，**WHY 可以对 WHAT 和 HOW 具有根本的指导意义**。如果秘书清楚了买花瓶是要摆在书架上做装饰品的，他就能提供其他的 WHAT 来更好地满足上司的需求。例如，秘书可以建议买一盆文竹或者做一个相框。如果刚好上司有一个特别的证书，一直想要摆放出来但没有机会，这样，秘书建议的相框就可以同时满足两个需求——做装饰品和摆放证书。在这个例子中，上司的需求不是花瓶，也不是相框，而是装饰书架。如何做才能用"聪明地工作"来取代"努力地工作"？人只有弄清楚其目的，才能找到那把"金钥匙"。因此，优秀的管理者都是先明确目的再做事。

负责地工作，追求结果

"结果导向"的另一个重要含义是，无论在什么情况下，团队都要尽最大的努力去追求最好的结果。在设定目标时，团队要做挑战性的设想，实施目标和计划时也全力跟进和协同，要有一种不达目的誓不罢休的劲头。这是结果导向在管理者责任感上的另一种体现。管理者要有内在的信念，自己的使命就是拿到结果。管理者若想拿到更好的结果，就要设定更有挑战性的目标。管理者不但要有决心和意愿，还要用行为来展现自己的信念。在执行过程中，不论遇到什么困难，团队都不要气馁并保持韧性。管理者也可以为达成结果去向组织争取资源，不遗余力地跟进协调。

OKR 管理三原则的应用

1. O 要结果导向

在设定目标的过程中，结果导向非常重要，团队成员要不断追问"目标要最终达成的目的是什么？"始终要把这个问题印刻在团队成员的脑海中。在实践中，团队成员往往会忽略这个问题，而直接思考具体"做什么"。因此，O 的格式写法为"做……达成……"。前者是"做什么"，后者是"目标和目的"。

2．KR 要结果导向

KR 不是行动和过程指标，而应该是团队判断目标达成与否的结果性状态指标，是评价目标是否成功的依据。这才是结果导向的思维方式。

3．OKR 要有价值和贡献

如果不考虑整体割裂来看团队的 OKR，就是没有太多的价值和意义的。当团队目标能为组织或者外部（客户）做出重要的贡献时，OKR 才具有了真正的价值和意义。因此，团队在设定 OKR 时，应向外和向上去探究和追问——"我们要做的贡献是什么？"这样的探究和追问，能够帮助团队在日常纷繁复杂的任务中确定优先项，找到工作重点，厘清任务或者目标背后的目的和意图，从而对工作赋予更大的价值和意义。在工作中寻找意义和赋予意义，是每一位优秀的管理者要做的事情。

4．OKR 要溯源到组织战略、愿景和使命

团队 OKR 背后的目的或者意图是什么？它是可以溯源到组织战略的，而战略背后的目的或意图应该是组织的愿景，再往根本上追寻就是组织的使命。如果 OKR 不能在这个方向溯源，不能以更大的、更前瞻性的视角进行结果导向，OKR 的存在就失去了根基。

5．OKR 要有激励的作用

只有以结果导向的方式探究和思考 OKR，才能使 OKR 打动人心。团队探讨任务背后的价值和意义，这个过程就是激励。只有能够连接组织和个人，鼓舞人心的 OKR，才会有很强的激励作用。反之，如果不能在这个方面进行探讨并予以澄清，OKR 的实施在行动开始就失去了吸引力。尽管有时关于这个问题的探讨并不是那么容易，但在团队管理中越是有难度的事情就越有价值，越值得团队去做。

6. OKR 过程管理要结果导向

OKR 过程管理，即 OKR 的跟进和迭代同样要做到结果导向。团队阶段性的跟进和复盘要对照原来的目标和目的，明确差距、调整对策。在 OKR 迭代面向未来时，有两个关键问题需要管理者及团队成员进行思考：

（1）确认目标。例如，这样的 OKR 是我们的初衷吗？它是我们要达到的目标吗？

（2）确认行动。例如，这样继续原计划或者维持现状，还能够达成我们既定的目标吗？

问题解答

Q25：OKR 如何设定才能有效连接组织的愿景和使命？——贡献

一般来讲，OKR 是通过战略与组织的愿景、使命连接的。当战略目标分解后，形成相应的业务/职能目标，再拆解成为阶段性的目标。这个过程就是 OKR 发挥作用的地方。而有些新业务或者创新型组织，也许没有清晰的战略，只有愿景和使命，OKR 也可以与组织愿景和使命连接，承担其落地的功能。

OKR 需要回答的问题："设定什么样的目标，才能对组织的愿景、使命做出重大的贡献？"或者"设定什么样的目标，才能满足当下的生存需求，并能兼顾组织未来的发展？"

需要补充说明的是，愿景和使命是两个概念，这里不再详细展开介绍。有些小型组织，甚至连愿景和使命都不是很清晰，此时 OKR 就要设定得相对长远一些，既要考虑"眼前的苟且"，也要考虑"诗和远方"。（详见 8.1 节的相关内容。）

7.2　聚焦关键——把事做正确

什么是聚焦关键

结果导向保证团队做正确的事，接下来的问题就是如何把事做正确，做得"多、快、好、省、易"。资源是有限的，团队要把事做得正确，聚焦关键就是必由之路。

团队聚焦关键可以从两个方面理解：一方面是团队是否识别了关键；另一方面是团队是否真正地聚焦。

是否识别了关键

关键即少数重要的方面、事物、环节、人员等。在团队培训中，笔者往往会让成员快速回答几个看似无聊的、类似的问题：

- 你今天有几个重要的任务？

- 你这一周有几个重要的任务？

- 你这个月有几个重要的任务？

- 过去一个季度或半年，你有几个重要的任务？

关于这些问题，如果成员给出的答案是 7 个以下，甚至是 5 个以下，说明成员能够识别自己的重要任务。而如果成员的答案超过了 7 个，则说明成员的工作没有重点。如果成员的回答是"不清楚"，则更能说明成员的工作存在问题。

是否真正地聚焦

关于聚焦，管理者会问团队成员以下三个问题：

- 你是否真正将你的时间、精力、资源聚焦在这些重要的事情上完成任务并达成目标，甚至超出预期？

- 要做的事情很多，以至于人的精力分散，结果是每件事情都能完成，但每件事都做得一般，从而导致重要的任务也是交差了事吗？

- 你的绩效是由什么来决定的，是所有的工作任务，还是少数重要的任务？

这三个问题的答案既可以检验团队成员是否真正地进行了聚焦，也能对团队成员目前的绩效水平给出合理的解释。虽然团队对"聚焦关键"的理解并不难，但是实施起来可能面临各种困难和挑战。其解决方案的本质是人的自律。

黑格尔说："一个志在有大成就的人，他必须如歌德所说，**知道限制自己**。反之，什么事都想做的人，其实什么事都不能做，而终归于失败。"

同理，想要做出成绩的人，必须聚焦关键，知道什么必须做好，什么可以放弃。真正认真负责的人不是把什么都做好，而是有选择地做好。因为人的精力毕竟是有限的，组织的资源也是有限的。换句话说，在某些情况下，**在工作中人想把什么事情都做好，就是不负责任的想法**。有限的资源若要达成最好的结果，必须聚焦关键，有选择地放弃就是一个负责任的策略。

如图 7-2 所示，按照重要优先项管理矩阵来进行介绍。其中，A 类任务是要抓紧完成，并且要保证质量；B 类任务要好好地策划，留出必要的充足的资源和精力，以保证将其做到 100%，甚至是 120%，超出预期；而 C 类任务的标准是完成即可，只要达成预期任务量的七八成就好。即使团队成员没有做好得到了管理者的批评，其内心也是暗自坦然，团队成员知道自己为什么这么做；关于 D 类任务，建议团队成员放弃不做。而如果团队成员在内心不能接受，就将它暂缓执行等到升级后再去做。

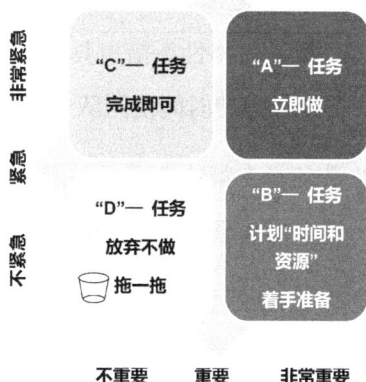

图 7-2　重要优先项管理矩阵

　　例如，曾有一段纪录片讲述的是蟾蜍如何捕食虫子的故事。蟾蜍的视网膜神经只能关注在它面前水平移动的物体，而其他物体却被完全忽略了。只有这样，蟾蜍才能让自己以最少的脑力和体力来喂饱自己，否则什么都关注，它很可能会因抓不到食物而饿死。在这一点上，团队需要向蟾蜍学习——只关注少数重要的目标或者任务，否则团队无法获得真正的绩效。

聚焦关键在 OKR 的应用

　　从 OKR 策划到其执行跟进，团队始终在遵循的原则——聚焦关键，即聚焦到少数重要的关键点上。其主要表现如下：

　　（1）**OKR**。OKR 就是利用了聚焦关键的方式——集中资源做大事，即组织或团队在未来的一段时间内，做真正重要的事情。

　　（2）**少数的 3 ~ 5 个 KR**。一个目标其实可以写出大大小小很多不同的

KR，而 3 ~ 5 个 KR 可以让团队保持聚焦，不至于"捡了芝麻丢了西瓜"。

（3）**关键挑战**。针对每一个 OKR 的关键挑战，一般是 2 ~ 4 个，有时是 1 个。这样有利于团队在后续聚焦关键要素时突破瓶颈。

（4）**根本原因**。对于每个关键挑战，团队能够分析得到的根本原因也是少数几个，这样才能使后续的策略性举措更具有针对性，也能使团队的研讨保持更好的节奏感，不至于浪费时间使团队成员的热情衰减。

（5）**策略性举措**。少数的具有策略性质的举措，有时可以起到"四两拨千斤"的效果。针对每一个根本原因，一般策略性举措也不多于 3 个。

（6）**TODO**。TODO 是对结果达成有显著影响的核心行动，也是团队在后续执行中特别值得关注和跟进的。如果团队需要完美的行动计划，就可以将这个 TODO 计划融进团队的整个计划中。但是团队成员需要将这部分 TODO 标识成不同的颜色予以凸显，并采用非常规的跟进方式。

（7）**过程管理**。在过程管理中，聚焦关键显得更加重要。因为团队成员很容易被日常事务分散注意力。另外，在 OKR 的跟进会议上也很容易跑偏，忽略关键的问题。

问题解答

Q26：团队把日常运营类目标和指标设定成为 OKR 合适吗？——不合适

设定 OKR 的目的是团队集中资源和精力，做对组织使命、愿景和战略有贡献、有价值、有未来感的重要事情。因此，团队日常例行的工作没有必要用 OKR 来进行管理。人们特别容易犯的错误就是公司推行了 OKR，某些部门为了应付上级，满足 OKR 个数的要求，用日常

运营类目标和指标来充当 OKR。这样做既没有必要，也失去了使用
OKR 的初衷。另外，公司还会形成一种不良的风气，此时没有 OKR
甚至比有这样的 OKR 还要好一些。

7.3　反馈闭环——要有始有终

什么是反馈闭环

在管理中，只要在两个角色之间发生彼此的沟通关系，就存在反馈闭环。
不论是在同事与同事之间或者上级、下级之间，还是外部客户与合作伙伴之
间，都会存在反馈闭环。

如图 7-3 所示，两个角色之间进行信息的发出和接收，只有采取相应的
行动达成特定的目的，才算完成了沟通。发出者发出信息，接收者接收信
息，这只是沟通的第一阶段，实现了第一次反馈闭环。但这只是完成了信
息沟通而已，还没有达成沟通的目的。发出信息的目的不是为了沟通，而
是为了实现某个结果。既然为了实现某个结果，发出者和接收者就需要采
取后续的行动，接收者需要执行、反馈，发出者需要跟进、协同。不论如
何，最终二者都要确认结果达成与否，这样才算完成了全程的闭环沟通。
有发出，就要有反馈；有计划，就要有跟进；有目标，就要有结果，这是
反馈闭环原则的精髓。反馈闭环是关于沟通、阶段性进展、最终结果的多
轮反馈和闭环。

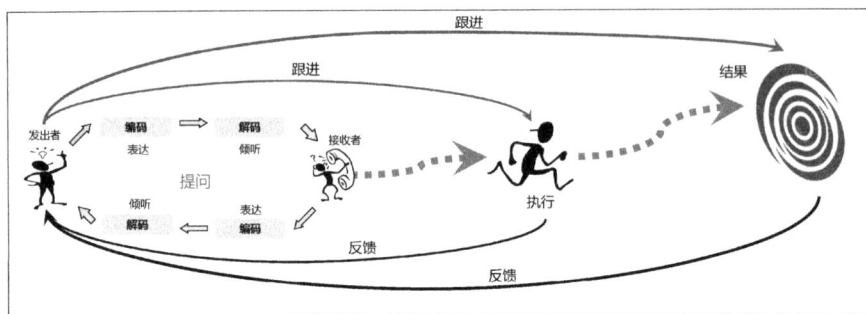

图 7-3　闭环沟通模型

如图 7-4 所示，从管理逻辑角度来讲，愿景要对使命闭环；战略要对愿景和使命闭环；目标设定要对战略闭环；而过程管理和复盘要对目标闭环。只有这样，整个管理过程才能实现全程闭环管理。

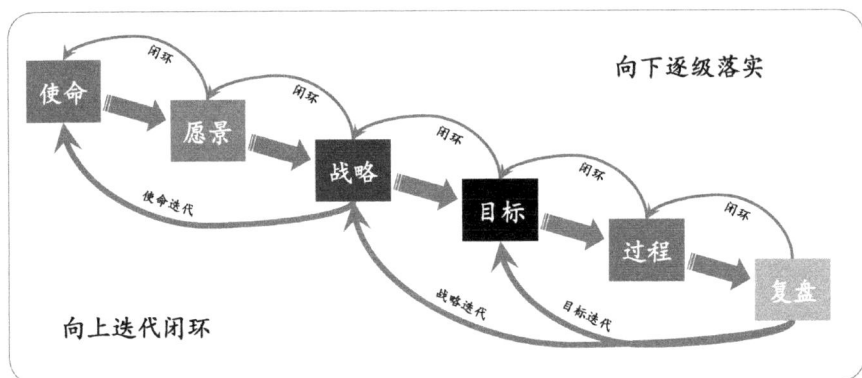

图 7-4　管理逻辑——闭环反馈

反馈闭环在 OKR 中的应用

在 OKR 设定的每个关键环节中，团队在决定结束本环节的讨论，继续下一环节的讨论之前，都要进行反馈闭环，以验证本环节对前一环节实现反馈闭环，然后才能进入下一个环节。

1. 目标反馈闭环

目标是用来达成战略的，为组织愿景、使命做出贡献。在这一点上，完成了目标与战略、愿景、使命的对焦。团队成员需要回答的关键问题："目标达成了，为此做出的关键贡献是什么？"以此来决定这个目标是否真的重要，值得团队管理者采用 OKR 管理三原则来进行管理。

2. KR 反馈闭环

KR 设定完毕，主持人要问一下团队成员："如果这几个 KR 达成了，是不是目标就一定能够实现呢？"如果得到的答案是肯定的，团队就可以进行关键挑战的研讨了。如果得到的答案是否定的，就需要主持人问大家："还有没有什么其他重要 KR 可以用来表征或者验证目标的达成呢？"然后团队继续进行探讨，直至找到被遗漏的重要 KR 为止。

3. 关键挑战反馈闭环

在关键挑战明确后，主持人要问一下团队成员："是不是这几个关键挑战解决了，我们就能搞定这个 OKR 呢？"如果得到的答案是否定的，主持人就需要问大家："还有没有什么其他的关键挑战是我们没有考虑到的呢？"再来一轮 ME-WE-ALL。

4. 根本原因反馈闭环

针对每一个挑战的根本原因分析完毕后，主持人都需要确认："这几个根本原因如果能够解决，是不是这个挑战就被攻克了呢？"如果答案是否定的，团队就需要继续进行头脑风暴，寻找其他被忽略的关键原因。

5. 行动计划反馈闭环

最后，在行动计划产出后，主持人带领大家回顾全部过程，向团队成员提问："如果这些行动计划都做到了，那在直觉上你们对 OKR 达成的信心指数是多少？"然后主持人让每个团队成员用 1 ~ 10 分来进行打分。

（1）每个团队成员把自己的信心指数写在报事贴上。

（2）主持人将大家的分数贴到行动计划上并说明其背后缘由，邀请成员彼此倾听。

- 如果个别分数低于 7 分，就需要主持人审慎倾听并问他："你认为需要做怎样的调整，才能提高你的分数？"这是在执行行动计划之前，可以用来了解团队担心和顾虑的最后关键时机。这样做可以激发成员执行行动计划的意愿和承诺。然后，主持人邀请其他人提出建议，并认真讨论后进行适当调整。

- 如果总体平均分低于 7 分，那么主持人先给大家 5～10 分钟时间，浏览整个过程的研讨结果。然后全体静默思考，请每个成员写下自己的观点或者建议。在这个基础上进行 ME-WE-ALL 补充研讨审慎修改，再请大家进行打分。

问题解答

Q27：为什么团队在 OKR 研讨过程中使用大白板、海报纸等工具？——高效、灵活

在 OKR 的设定和跟进过程中，笔者非常建议团队应用各种可视化的工作方式，如使用大白板、海报纸等。团队成员要注意区分这种方式与 PPT 和其他电子文档的应用不同。问题的讨论过程和结果输出要尽可能地运用灵活的可视化方式，而 PPT 和其他电子文档可以作为信息分享及呈现的方式。

因为在 OKR 研讨过程中需要主持人不断地将信息进行合并、投票、排序、标记、移动、多幅比对……类似这样的动作很多，目前的 PPT

和其他电子文档还不能胜任，因而它们会影响会议参与者的参与度和开会效率。

　　运用大白板、海报纸、纸卡、报事贴、粘贴墙等工具服务于 OKR 研讨过程，是极其高效和灵活的方式。此方式非常适用于 OKR 的设定以及过程跟进的研讨。

第8章 OKR管理三阶段

管理与目标管理

目标管理（Management by Objective），完整的中文翻译为"运用或通过目标来实施管理"。

这个概念包含了两个词语：一个是目标；另一个是管理。关于目标，在1.1节已经进行介绍。那么，什么是管理呢？管理的定义也非常多。结合弗雷德蒙德·马利克给出的定义，加上笔者的理解，本书概括出一个更为简单的定义：

管理是将有限的资源转化为最佳结果的过程。

对这个定义的详细解读，本书先不展开介绍，这里只列出四点说明。

资源是有限的

资源是有限的，而且永远是有限的。这既是组织的现实，也是每个管理者的管理现实。关于这一现实，毋庸置疑，任何人都认可。但这样的认可背后透露出些许的无奈和期待。无奈的是，"无论我多努力争取，资源总是有限的"。期待的是，在下一个任务上，公司、上司、同事、客户、供应商、合作伙伴等能给予更多的配合。很显然，这样的期待是理想中的。换句话说，这就是管理者需要克服的困难。

要求最佳结果

管理的目的是人拿到最佳结果，否则就没有必要实施管理。至于什么是最佳结果，上司与下属之间往往存在很大争议，有时会由于各种原因，出现完全相反的观点。如果上司与下属都带着追求最佳结果的想法，那么即便两者有分歧，分歧也是良好的。如果两者都不追求最佳结果，那么这才是最糟糕的分歧。

需要平衡的结果

组织需要的不仅是绩效达成的结果，而且是某些单方面的结果，如财务结果。组织需要的是平衡的结果，否则是不可持续的。因此，在管理定义中"最佳结果"包含四个方面（见图 8-1）：绩效达成、机制规范、人才发展和文化塑造。不论是小团队的主管，还是大型企业的首席执行官，设定目标时都应该考虑这四个方面。只有这样才能使团队或组织平衡发展。那么，主管和首席执行官在考虑这四个方面的关键区别是什么？其主要在于这四个方面的层次不同。例如，在绩效达成方面，首席执行官要制定公司战略，而团队主管只要设定团队目标或者理解团队目标就可以了。

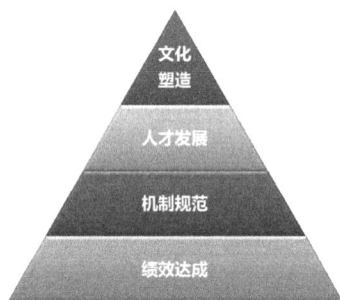

图 8-1　管理的四大结果

（1）**绩效达成**。关于业务方面组织所期望达成的结果，如营业额、市场份额、成本、效率、现金流、新品上市、品牌、客户满意度等。

（2）**规范机制**。关于组织经验累积方面的结果，如流程、工具、方法改进等；再如，战略实施、变革推广、结构分工等方面调整的经验和教训。

（3）**人才发展**。关于人员梯队、职业发展、个人能力、心态意识等方面组织所期望的结果。

（4）**文化塑造**。关于团队人际关系、团队氛围、团队气质、激励机制、行为规范、价值观等方面组织所期望的结果。

有效管理的前提条件

资源供给的有限性与最佳结果需求之间的差距，形成了管理上的张力，是实施有效管理的前提条件。简单来说，管理者要达成的四个方面结果都需要这样的前提条件。从概率角度来讲，只有高要求，才会产出更好的结果。大家记得 1.1 节中米开朗琪罗的话吗？答案就是如此。关于第一类结果，绩效达成是很显然的道理，下文重点介绍四类结果中的后面三类。

在什么情况下积累的经验才是真正的经验呢？很显然，当然是"打硬仗"的经验才有意义，才是真正的经验。在什么情况下才能培养人才呢？当然是"打硬仗"才能培养人真正的能力，磨炼人内在的心智。在什么情况下才能锻炼出有战斗力、有凝聚力、敢于创新和变革的团队呢？也很显然，团队是"打硬仗"打出来的。

综上所述,管理的定义所表达的正是管理的本质——完成有挑战性的任务和目标。如果任务和目标没有挑战性，就不需要太多的管理方法。

目标管理

目标管理是核心的管理方法和手段。在组织管理中，管理的起点不是目标（年度目标），而是公司使命、愿景和战略。目标可以将使命、愿景和战略与年度、季度和日常工作进行连接，即长期工作与短期工作的连接。另外，目标可以实现组织结果和个人发展的结合。团队通过目标管理，把长期计划拆解为短期行动，把组织发展落实为个体责任，进而在实现组织绩效的同时达成个人目标。

目标管理分为三个阶段，阿里巴巴将其表达为"定目标、抓过程、拿结果"。笔者稍做调整，将它改为"定目标、抓过程、复结果"（见图 8-2）。下面就这三个阶段稍做解释，后续三节有详细介绍。

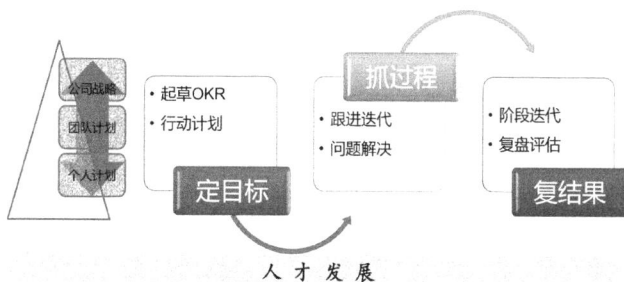

图 8-2　目标管理三阶段

定目标

管理是不是一定要设定目标呢？这样的探讨在笔者的工作坊中已经进行了很多次。不论在哪里，探讨的最终结论都是"**没有目标，就没有管**

理"。这句话意味着，如果管理者不给团队、成员、自己设定目标，就没有办法实施管理。可以试想一下，没有目标的团队如何做计划、如何做激励、如何做跟进……这就相当于海上航行的帆船没有目的地，大副和水手无所适从，结果可想而知。设定目标就需要相应的工具，OKR 就是目标设定的工具之一，其核心价值已经在 1.3 节中进行详细阐述，此处不再赘述。

抓过程

目标定了，计划有了，结果是否会自动达成呢？很显然，不是这样的。原因有很多，具体如下：

- 目标和计划都是人的想象，并不是现实。

- 在实际工作中一定会出现人无法预见的问题。

- 人的心态和积极性也会存在波动。

- 成员的能力不一定能符合预期。

- 彼此的协同一定会出现问题。

    ……

要不要抓过程根本上不是个问题，抓过程与管理者的个性和管理风格无关。过程是一定要抓的，阶段性跟进是一定要做的。过程跟进弱，容易导致失控；过程管控过严，又会让下属丧失积极性和创造力。因此，过程"如何抓"才是个好问题，即跟进的频次、强度和方式如何。这个问题与任务的重要性和复杂度相关，与事态发展变化和预期符合程度相关，与成员能力和意愿相关，与部门与部门之间协同的程度和状态相关。管理者要及时根据这些要素的变化对抓过程的频次、强度和方式进行适当的调整，直到结果达成为止。

复结果

如果目标计划定好，过程抓到位，并根据具体情境进行调整，那么结果达成与否都属于正常现象。不论结果是否达成，这样一个挑战性目标的达成过程，都是值得人们总结和复盘的。因此，笔者把"拿结果"改为"复结果"。例如，某家互联网企业不同的团队每月都有三个规定动作：一是定OKR；二是搞团建；三是做复盘。他们所搞的团建不是传统的大型户外活动，而是小范围的、小规模的、灵活的团队关系深度构建和连接的活动。复盘是针对当月特别值得总结的 OKR 或任务进行的。如果团队做得好则有经验，如果团队做得不好则有教训，这都是学习结果。"向过去学习"表明人们过去的经历是有价值的。因此，典型的目标达成过程在绩效达成、机制规范、人才发展和文化塑造四个方面的深入复盘，非常值得人们全心投入，并且非常有意义。

问题解答

Q28：OKR 与目标管理究竟是什么关系？——工具和理论

目标管理是一个大概念，涵盖了"定目标、抓过程、复结果"三大阶段。OKR 是一个小概念，特指团队采用 OKR 的方式来实施目标管理。目标管理的方法和工具有很多，OKR 是其中之一。OKR 特有的核心价值在于提供了一种清晰定义目标的范式，让目标设定回归业务本身，将战略性管理和运营性管理分开（参见 1.3 节的相关内容）。

8.1 定目标——设定重要的 OKR

思考四大问题，设定重要的 OKR

目标表达的是团队下一阶段的工作重点和方向，是需要聚焦人力和资源予以攻克和完成的。如果在战场上，则表现为集中优势兵力和火力进行攻城略地。反之，如果这个城池或者地盘对整个战役的贡献度不大，或者从近期或者远期影响来看，其没有太大价值，这个目标就没有什么意义，不值得集中优势兵力和火力。

由此可见，定义重要的目标是多么关键！那么，**如何才能设定重要的目标呢**？在设定目标时，团队成员要思考四个方面的关键问题：

（1）**向外思考**。客户（重要客户）重要的目标和需求是什么？怎样才能为客户（内部客户）做出贡献？

（2）**向内思考**。团队重要的目标或任务是什么？

（3）**向上思考**。团队、公司重要的目标或任务是什么？怎样才能为团队、公司做出贡献？

（4）**向未来思考**。未来三个月、半年、一年甚至三年以后，在上述三个方面重要的目标或任务是什么？现在需要准备做什么工作，才能更好地为团队、公司做出贡献？

对上述关键问题的思考涵盖了多个空间维度以及现在和未来之间的时间维度。人思考的逻辑是由外到内、自上而下、从未来到现在，然后决定现在要做什么，最后考虑设定什么样的 OKR。从而，团队完成"上—下—

上、外—内—外、未来—现在—未来"的闭环思考。这样的思考方式在本质上就是战略思维的体现。这会让团队设定的目标具有大局观和战略视野。团队层面得出的 OKR 就是对组织战略的承接。

扫描四大维度，设定重要 OKR

在设定 OKR 时，通常人们会聚焦在与业务相关的领域中，这是重中之重。除此之外，在支撑业务实现的组织职能领域，也需要设定一定的 OKR。组织设定目标要保证整体上的平衡。那么，团队要设定哪些目标呢？图 8-1 提到的管理四大方面以结果导向为原则来思考，既然要取得这样的结果，就需要在这些方面设定目标。这四大维度的使用顺序为：团队先集中精力设定绩效达成目标，然后参考其他三大类思考还需要设定哪些目标，以保障业务的实现，同时有助于组织的健康发展。

绩效达成目标

一般它可以分为以下六大类（参见弗雷德蒙德·马利克的《管理技艺之精髓》）：

（1）**市场地位目标**。表征组织在各自领域或行业的相对位置，强调外部表现。例如，市场份额、品牌形象、客户集中度、客户满意度、用户活跃度、用户数量等。

（2）**创新能力类目标**。组织持续创新、持续生存的能力，强调未来表现。例如，上新时间、新品销售占比、研发新品成功率、专利数量等，也包括结构流程、商业模式等方面的创新。

（3）**成本地位类目标**。它是指时间、空间、设备、资金、知识等的投入产出比，强调内在效率。例如，劳动生产率、生产周期、单位面积产出、销售单人产出等。

（4）**关键人才吸引力类目标**。它是在关键人才的招聘、培养、使用和发展上的能力，强调软性指标。例如，关键人才离职率、组织氛围、发展计划、关键人才招聘周期等。

（5）**利润率类目标**。例如，主打产品和创新产品的利润率、不同产品类别的利润率、生命周期不同阶段产品的利润率等。

（6）**现金流类目标**。此类目标和利润率类目标总体强调组织财务表现。例如，现金、库存、长短期金融资产比例等。

除此之外，彼得·德鲁克在《管理的实践》中还提到其他两类目标。

- **实物与财力资源类目标**。例如，房地产公司中标目标、矿产公司购买矿山开采使用权目标、巨额资金的融资目标等。在某种情况下，这些可以被涵盖在市场地位和流动性目标中。

- **社会责任类目标**。涉及人身、安全、环境等方面的目标。

小团队可以先从工作的"**多、快、好、省、易、新**"六个角度来思考，再将思考出来的具体目标与组织的六大类目标做连接，找到自己目标对组织的贡献，然后按重要度进行遴选。

规范机制目标

一般它涉及组织结构、职责划分、流程改进、会议组织、管理工具等方面，具体内容如下：

- 业务组织结构调整。

- 梳理项目管理流程。

- 改进例会模式，提升工作效率。

- 作业程序的标准化。

- 大客户销售拜访流程和工具萃取。

- 跨部门协同经验积累，如开发团队和产品销售团队协同探索。

　　……

人才发展目标

　　一般它涉及人才招聘和培养、人才梯队规划、职业发展等方面，具体内容如下：

- 人才招聘和培养。

- 能力提升。

- 老员工激励措施。

- 继任者培养。

- 人才盘点。

- 高潜人才轮岗计划。

- 高管能力提升。

　　……

文化塑造目标

　　一般它涵盖价值观、行为规范、激励措施、关系构建等方面，具体内容如下：

- 价值观调整或落地。

- 行为规范的制定。

- 激励措施的调整。

- 团队建设活动。

- 学习与分享经验。

- 团队融合和对话。

……

在设定 OKR 目标时，团队可以根据以上四大维度进行逐个扫描，就不会出现重大的遗漏和失衡。但这并不意味着团队在四个方面都要有目标。有时可以通过一个目标的 KR 来进行兼顾，如表 8-1 所示。例如，当团队某个任务目标的 OKR 都写好时，再思考这个任务还可以承载其他目标吗？是不是作为 KR 存在即可？其中，KR1.4/KR1.5 是完全可以通过当月目标 O1 来达成的。

表 8-1　用 KR 来兼顾不同维度的目标

O	KR
O1：7月份团队700万元销售业绩	KR1.1：新签240万元 KR1.2：续约300万元 KR1.3：老客户追加160万元 KR1.4：完善新人培养机制——教材和培养方式 KR1.5：让2名新成员彻底融入团队

OKR 解码战略，落实贡献

当谈到"战略解码"时，表面上是在分解战略，而其实是用 OKR 来贡献战略的。这不是文字游戏。将战略分解到行动计划，是一种机械式的、自上而下的拆解，而为战略做出团队和管理者的贡献，则是自下而上的主动思考。团队首先要厘清组织使命、愿景与战略的关系，这样有助于团队理解 OKR 与战略是如何承接的。

使命

使命解决了**"我是谁，我要做什么"**的问题。使命说明了组织的业务是什么、组织提供的价值是什么，以及组织存在的意义。例如，阿里巴巴的使命是"让天下没有难做的生意"。若要使命宣言清晰明了，则需要核心管理团队仔细研究并回答以下问题：

- 谁是我们的目标客户？他们的需求是什么？我们为其提供的价值是什么？

- 在解决客户需求上，我们的对手是谁？与其相比，我们的核心优势是什么？

- 我们做事的内在动力源泉是什么？我们的信念是什么？

如果能在使命宣言中找到上述三类问题的答案，那么说明使命的陈述是到位的。阿里巴巴的使命宣言就是如此：阿里巴巴的目标客户是生意人，他们的需求是生意难做，阿里巴巴要赋能企业，帮助其改变营销、销售和经营的方式，提升效率。马云说："让天下没有难做的生意。"这是一种信念！这是马云，也是阿里巴巴克服困难、不断发展壮大的内在动力源泉。

愿景

愿景解决了**"我要成为什么样子"**的问题。彼得·圣吉在《第五项修炼》中提到，愿景是组织想创造的、用现在时描绘的未来图像，就好像发生在人眼前一样。愿景能够指出组织要去哪里，以及到达目的地是什么样子……愿景中描绘的未来图像越翔实，其发挥的作用就越大。

愿景可以为终极愿景，也可以为长短期愿景，如 10 年愿景、3 年愿景等。愿景可以解决这样的问题——为实现组织使命的阶段性目标是什么。从而，愿景可以作为战略的引领。有些组织的愿景比较理性、具体而明确，可以直接作为战略目标。而有些组织的愿景比较感性，需要据此提炼阶段性的战略目标，以引领战略的制定。

战略

彼得·德鲁克关于"战略"给了一个非常好的定义："**为了准备应对不确定的将来，我们今天必须做的事情是什么？**"对这个问题的回答，就是战略。战略是用来实现愿景并最终服务于组织使命的。为此，战略需要研究的关键问题如下（假设是 3 年战略）：

- 外部环境未来的发展趋势是什么？我们的机会和挑战是什么？

- 我们的现状是什么？优势和弱势是什么？

- 3 年战略必须做到什么？目标是什么？

- 为此，我们要采取的关键措施是什么？

对这几个关键问题的回答就是组织 3 年战略目标和具体战略举措。各个职能部门都要思考："我们怎样做，才能对组织战略有所贡献？"从而完成职能战略对组织战略的闭环思考。如果按照"里程碑"进行拆解，就会落实到具体的年度计划中。

OKR

回看图 7-4，大家可以发现，目标管理在这个节点上出现了，用来承接组织战略和职能战略。OKR 可以用来描述年度、半年度或者季度目标和关键结果。如果年度目标用 OKR 的方式来进行管理，那么在年度目标中的"里程碑"基本上就是季度目标。这个"里程碑"也可以用 OKR 来进行管理。OKR 内在体现的就是对战略的贡献——面对战略制定 OKR。在设定目标时，需要团队回答："**团队需要设定什么样的目标，才能对战略真正有所贡献，达成战略目标？**"

Q29：团队如何做才能与上级 OKR 进行有效结合和协同？——贡献

与上级OKR进行结合和协同的第一个要点是团队要思考贡献和价值，需要参照"Q11:部门 OKR 与公司 OKR 是什么关系？"答案是相同的。第一个要点是团队要按照 OKR 的设定步骤来进行思考和操作，即在设定个人的 OKR 时，先理解上级的 OKR，然后思考自己要设定什么样的目标才能对上级的 OKR 有所贡献。如果管理者带领团队共同思考，就要群策群力了。

8.2　抓过程——抓四个方面工作

抓 OKR 本身

抓过程是个"苦差事"，既需要技巧，也需要耐心，期间充满了酸甜苦辣和喜怒哀乐。诚然，抓过程的目的是达成 OKR，进而达成更好的业绩结果，但抓过程的目的不仅在于此。那么，对于抓过程，还可以或者必须"抓"的是什么呢？

在抓过程的同时，不仅可以积累经验、锻炼和发展人才，还可以培育和塑造团队文化。可以这样讲，如果在 OKR 实施过程中，管理者不在这几个方面进行敏锐的观察和体会并加以适当的辅导、总结和提炼，那么这段 OKR 达成的经历就失去了其能够并且应该承载的价值。因此，不能把抓过程仅仅理解为抓进度、质量和成本。

要抓四个方面工作

在 8.1 节中提到团队要设定四个方面的目标，即绩效达成、机制规范、人才发展和文化塑造。因此，在抓过程中也要考虑对这四个方面进行过程管理，从而实现这四个方面的结果。

绩效达成方面

在使用"三只青蛙工作法"时，团队要关注以下要点：

- 目标的重新评审和修订。

- 关键挑战的重新分析和界定。

- 关键策略性行动的调整。

- 行动计划的调整和迭代。

- 关键问题的解决和研讨。

- 跨部门关键问题的协同。

......

机制规范方面

在阶段性复盘和展望时，团队要关注以下要点：

- 必要职责分工的调整。

- 流程的改进和完善。

- 工具方法的沉淀和改进。

- 项目管理方式的调整。

- 会议设置、方式和频次的调整。

......

人才发展方面

在 OKR 过程管理中，团队要关注以下要点：

- 人员的必要调整。

- 个人能力发展目标的提出。

- 个人情绪状态的关注。

- 个人未来发展的重新思考。

- 个人成长的回顾。

- 个人经验和教训的积累。

- 新老员工的激励措施。

......

文化塑造方面

在 OKR 实施过程中，团队要关注以下要点：

- 新人的融入。

- 人际关系信任的建立。

- 人际矛盾冲突的解决。

- 行为的认可和激励。

- 激励机制的调整。

- 行为规范的重申和完善。

- 团队关系的融合。

- 跨部门的沟通和协同。

......

在抓过程时，团队会遇到多种问题。简单问题，好解决，而如果遇到相对复杂且需要群策群力的问题时，则可以应用 ME-WE-ALL 工具以达成团队的创新共识。另外，对于下属行为的反馈辅导，管理者需要使用其他的软性技巧，如教练技术、引导技巧、沟通和对话的能力等。本书第 9 章给出了几个简单工具，供管理者使用。

保持 OKR 的透明

整个组织相当于一个交响乐队，组织的团队和个体就等同于乐队中的乐器组和乐手。在交响乐演奏中，每个乐器组和乐手不仅要掌握自己的乐谱，还要了解整个乐队的总谱，以及与个人相关部分的乐谱。每个组合乐手既要完成自己的演奏，还要知道个人部分对整个乐章的贡献和价值是什么。只有这样，每个人才能知晓如何相互协同和配合，以取得最佳的演出效果。同理，在实施 OKR 过程中团队和个人需要彼此协同和配合，只不过难度更大。因为乐队有停下来排练的机会，而组织却没有这样的准备时间。那么，组织如何做才能像交响乐队一样协同合作呢？保持 OKR 的透明是一个非常重要的做法。

OKR 强调的透明，指的是在策划、执行以及结果复盘等环节的全流程

透明。它有两层含义：一是所有团队的 OKR 在横向和纵向均保持透明，OKR 是什么、进展如何、结果如何都要透明可见，团队可以考虑必要的"系统"或者"工具"来帮助实现；二是与一个 OKR 项目相关的角色，不论是团队内外，还是层级上下，甚至延伸到组织外部的相关者，都要考虑从策划到执行的全流程参与。如果有些团队不能及时参与，每次研讨后就要及时"对焦"和"调频"。对焦是指双方对彼此的 O、KR、行动计划在会后进行沟通并确保彼此理解到位，澄清疑问和实施方面的差异。调频是指双方相互调整 OKR 及计划，以保证目的、目标、时间、资源彼此协同。

策划的透明

如果 A 团队某个 OKR 的关键执行者/支持者为 B 团队成员，那么在设定这个 OKR 时，A 团队就需要邀请 B 团队成员参与 OKR 的研讨和设定，以最大限度地取得前期策划上的共识，更好地赢得对方在执行中的支持。这样的邀请既能体现 A 团队对 B 团队成员的需要和尊重，也能充分发挥 B 团队成员的经验和智慧，更能展现彼此协同的能力和意愿。

如果对方由于某种原因不能参与策划和研讨，则需要 OKR 负责人会后找机会，与对方"对焦"，倾听对方的想法和建议，进行必要的"调频"。如果临到执行时才要求对方配合，则对方势必难以全力配合，除主观因素外，还有一些客观因素，如时间或人手已经被占据，很难做调整。如果 OKR 负责人能够在前期和对方进行"对焦"和"调频"，那么这种情况出现的概率就会降低。

跟进的透明

在 OKR 跟进时，与 OKR 相关的人，包括上述例子中的 B 团队成员，都需要及时了解 OKR 的进展、状态以及后续的跟进措施。"三只青蛙周会法"或"三只青蛙月会法"的报告，可以作为一种共享工具。其呈现形式是多种多样的，如白板、共享文件、移动互联 App 等。其中，星级标识和颜色管理是最为直观明了的可视化措施。

在执行过程中的问题解决方式也要做到透明：决策人、执行人、建议人等角色都要参与进来；研讨的结论和行动计划要及时更新给每个相关方；调整后的行动计划的落实情况要用"三只青蛙工作法"保持各方的信息同步和透明。

结果的透明

OKR 最终结果评估，以及复盘所得到的经验和教训，包括后续需要采取的措施，也应及时公布出来。例如，在复盘时，如果有必要，A 团队应邀请 B 团队成员共同参与，以便更加全面地挖掘人的经验和智慧，以更多的视角进行反思。这样，团队就做到了 OKR 管理全流程的透明。

问题解答

Q30：当预定的 OKR 达不成时，团队如何进行有效的调整？——目标/计划

当预定的 OKR 达不成时，如果属于团队外部的重大前提条件发生了变化或者团队内部实施出现了重大意外挑战，则需要调整 OKR 本身，可以参考"Q21：如何判断 OKR 是否需要迭代？"的答案。

除此之外，用一句话来做回答——目标刻在岩石上，计划写在沙滩上。团队需要重新修改 OKR 的实施计划，在实施措施上做必要的创新和突破，甚至进行跨团队、跨组织的共创研讨，或者进行头脑风暴，以激发成员更好的想法和对策。

8.3　复结果——面向未来向过去学习

　　定目标、抓过程、复结果，这样完成整个过程，无论是顺利的还是艰辛的，不论是超预期达成目标还是严重偏离目标，团队首先要做的不是奖惩而是复盘。

　　接纳过去、尊重过去、向过去学习，团队才能更好地面对未来。未来是需要变革和创新的，而过去团队就经历过变革和创新，所以从过去的变革和创新中吸收能量、汲取经验，摒弃没有未来的、不适用的部分，团队才能以饱满的内在状态，甩掉外在的包袱，更有动力地前进。

复盘的输出

　　总体来讲，复盘的输出，可以借用一个单词——KISS 来表达。其中，四个字母分别表达不同的关键问题。将这样四个问题回答完毕，复盘的输出就有了答案。

- **K（Keep）**：我们可以保持和继续的是什么？

- **I（Improve）**：我们需要提升和改进的是什么？

- **S（Start）**：我们一定要开始和创新的是什么？

- **S（Stop）**：我们必须放下和停止的是什么？

　　关于上述四个问题的答案，似乎没有确定的范围。但是团队用绩效达成、机制规范、人才发展和文化塑造四个维度模型进行扫描，可以避免重要的遗漏。如果团队想要高效地得到关于 KISS 的结果，高效的复盘流程和研讨方式是必不可少的环节。

复盘方法论 MORID

关于复盘的流程，笔者开发了一个模型——复盘模型（MORID），如图 8-3 所示，仅供读者参考。这个模型借鉴了引导工具（ORID），基本涵盖了复盘的所有内容。如果团队想要做得简洁，仅就"事"的层面进行复盘，运用 ORID 就够了；如果团队想深入到个人以及团队心智部分，则要加上"M"。如果借用冰山模型，ORID 为冰山之上的部分，M 为冰山之下的部分，那么 MORID 究竟是什么含义呢？具体解释如下：

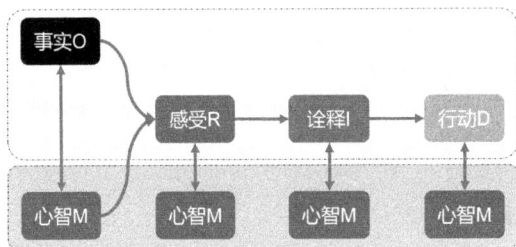

图 8-3　复盘模型（MORID）

1. 事实

人所能接收的外部客观事实，为看到的、听到的、说过的、做过的……而实际上人所接收到的客观事实永远只是事实的一部分，并不是事实的全部。这其中有两种可能：一种是实际发生了但人不能了解的部分；另一种是人虽然接触到了但被人选择性忽略的部分。这种选择性，往往与人的内在"心智"相关。

2. 感受

它是指人对外界发生的一切所产生的生理和心理的感受。感受是人的内在"心智"与所接收到的"事实"相互作用，而产生的直接感受、反应和即刻的联想。

3. 诠释

人的主观意识活动，即人对外界事物以及个体反应的内在解读和分析。这个分析可能是主动的，也可能是潜意识运作的过程。诠释可能包含分析、判断、推理、假设、思考、领悟等方面。为什么面对同样的事实，不同的人有不同的理解和不同的结论呢？这也与每个人的内在"心智"有着密切联系。

4. 行动

行动可以分为两类：一类是人外在的具体行动和做法；另一类是人内在的"心识"的调整和转变。

5. 心智

它是指人内在主观世界的基本结构，往往与个人的三观（世界观、人生观、价值观）相关。其具体指与人既往经历相关的内在经验、期待、渴望、标准、信念、价值观、信仰等，也指人外在行为运作的底层逻辑。

复盘的流程

冰山之上的复盘

对于一般意义上的复盘，如果不过于追求团队或个人心智的浮现与成长，ORID 就足够了。冰山之上复盘模板如表 8-2 所示。

表 8-2　冰山之上复盘模板

主题：		时间：		
地点：		参与者：		
1. 回顾目标 O	2. 过程回顾 O	3. 结果评估 R	4. 分析原因 I	5. 行动策略 D
目的/初衷：	关键过程：	亮点：	关键成功因素：	沉淀措施：
目标/结果：	体验高低：	不足：	不足根本原因：	改进措施：

冰山之下的复盘

如果管理者想深入复盘，让个人以及团队的心智得以浮现和成长，则需要在心智方面做更多努力。个人以及团队的心智模式会对 ORID 产生显著却又难以觉察的内在影响。一般这样的影响可以追溯到冰山之下的复盘甚至更深层次。具体说明如下：

1. 心智对事实的影响

心智模式影响了团队对目标结果和过程的信息筛选，以及对信息的理解和认知。这解释了为什么面对同样的事实，每个人所注意的部分却不同。面对一次决策，有的人关注价值，有的人关注风险，有的人关注谁赞同或反对管理者，有的人关注哪些是新想法，其他的人却关注管理者对谁的主意比较喜欢……

2. 心智对感受的影响

心智模式左右了个人以及团队的内在感受、心理反应以及直观判断力。为什么对同样的事实、同样的过程，有的人开心，有的人失望，有的人认为已经很好，但有的人认为其实还很差呢？其反映的可能是人内在的必胜的信念或者见好就收的心态，也许是标准的不同，甚至价值观的差异。

3．心智对诠释的影响

心智模式能从更深层次诠释人们分析推理的底层逻辑和动因。不同的人对不同职能角色的解释和推理也往往不同。这种不同有时是人们在组织中不同角色的立场和信念导致的等。当然，有时也与个体所固有的过往经验、价值观和内在信念相关。

4．心智对行动的影响

心智模式也会影响人们做什么样的打算、决定以及采取什么样的行动。即便事实相同、判断相同，不同的个体和团体针对未来也会有不同的决定和打算。例如，同样面对挑战和失败，有的人会触底反弹，有的人就会一蹶不振。

关于学习，哈佛大学教授心理学家克里斯·阿吉里斯认为有两种方式：单环学习和双环学习（见图 8-4）。单环学习只是通过一般的学习，寻找行为和结果的匹配，以保证组织的正常运转，但不能取得改进的效果。双环学习能够有效打破防卫、激发反思、松动信念和价值观，激发个人和团队改变，进而推动组织变革。一般来讲，对于 OKR 的结果，团队如果能够很好地运用 ORID 和 ME-WE-ALL 工具，就已经超越了单环学习。而若团队能做到冰山之下的深度复盘，就真正进入了双环学习。双环学习是借助 OKR 的业务场景，让个体和团体内在心智模式得以浮现、探究和厘清，并进行针对性的调整甚至改变，进而发展团队文化。这使双环学习成为复盘中不可多得的部分。因为双环学习的深度复盘并不容易做到，对团队管理者的要求会非常高，对团队信任度和文化氛围都是严峻的挑战。即便如此，复盘主持人如果抱有双环学习的意识，在进行冰山之上复盘时，适当地提出好问题，那么也能使冰山之上的复盘不时下探，使得复盘效果超出预期，给人带来惊喜。

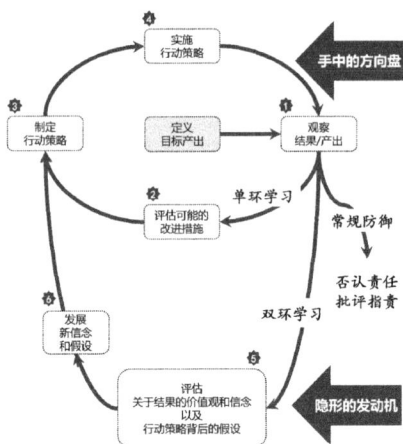

图 8-4　单环学习和双环学习模型

复盘的引导

成功复盘的关键是团队群策群力，即如何调动团队成员的积极性并融合相关人员的经验和智慧。其核心的共创方法在前文 2.2 节已经介绍过，即 ME-WE-ALL。最为直接和简单的应用是团队在冰山之上复盘的步骤中，每一步都应用 ME-WE-ALL。另外，团队还需要特别注意的是，在复盘中每一个环节的发散和收敛。

发散和收敛的内涵

发散的目的是激发人参与研讨，激活人的经验和智慧，从而更加全面地收集想法。为什么要这样做呢？彼得·德鲁克说："好的决策起始于不同的想法，而不是一致的意见。"从发散和收敛的角度来看 ME-WE-ALL，可以这样理解：

- **ME**。其目的就是充分发散，用"个人压力书写"的方式激活人的经验和智慧，为后续决策提供必要的、多元化和个性化的基础。

- **WE**。在充分发散的基础上完成初步的收敛，即在小组范围内整合提炼想法，降低想法的数量。当然，这一步也可能激发人一些新想法，但从数量上来看，是绝对的收敛。

- **ALL**。这一步是将初步收敛的结果在全体范围内进行汇集整理，做进一步的收敛，并决定如何应用和处理该步骤的研讨结果。

综上所述，收敛是为了能够在发散的基础上进行聚焦，以便进行下一环节的讨论，进而得到最终的结论。

所有**成功的会议和有效的对话**，一般都遵循发散和收敛的内在逻辑。如果会议的主持人和对话的发起人，能基于这样的逻辑进行研讨和对话设计以及过程的展开和把控，那么会议和对话既不局限又不偏离，可以做到张弛有度。

复盘中的发散和收敛

如图 8-5 所示，复盘的大过程是由基本的小过程组成的。开始是以目标结果的比较为起点进行发散并初步收敛。中间是"结果认知、过程浮现、反应判断、分析解读和拟定行动"，这几个小过程会进一步发散、震荡，逐步收敛。最后，复盘会收敛为具体的、可执行的行动计划。这样团队就完成了整个复盘的发散和收敛过程。这个过程如果用一个模型来体现，就是用来进行团队引导的钻石模型。

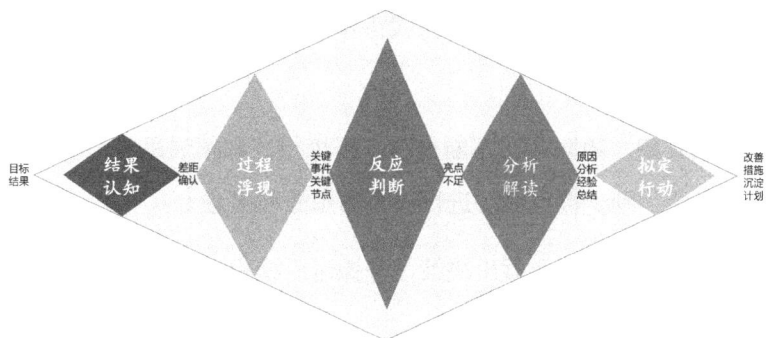

图 8-5　冰山之上复盘的发散和收敛过程

如图 8-6 所示，钻石模型给出了任何一场会议和对话所遵循的基本结构。不论是大型会议，还是半小时的小讨论，都会遵循基本的 5 个环节。

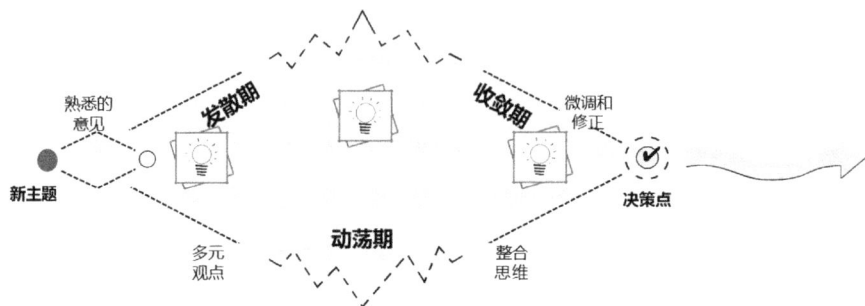

图 8-6　团队引导的钻石模型

（1）**新主题**。一个议题研讨往往开始于常规的观点和熟悉的意见。这时主持人一定不要轻易结束对话，或者想当然认为不会有什么具有建设性意义的新观点。

（2）**发散期**。它是指激发多元观点的关键阶段，延迟判断、保持好奇是每个人都要注意的原则。

（3）**动荡期**。有时冲突会特别明显和激烈，有时研讨也会非常顺利地度过，以至于主持人都没有觉察到动荡和冲突的存在。动荡不仅是观点的剧烈碰撞和交锋，也会包含人际关系的冲突。这个阶段对团队和主持人都是非常关键的挑战。（关于如何度过动荡期，此处不再赘述，感兴趣的读者可以参见《结构化研讨——参与式决策操作手册》第四部分中"动荡期的引导"。）

（4）**收敛期**。团队开始不断整合、提炼想法和拓展思维，再进一步筛选，就可以聚焦到少数且需要进行决策的想法和主意上。

（5）**决策点**。团队要做出决策，并探讨后续相应的行动计划。

冰山之上复盘中发散和收敛的应用

结合团队引导的钻石模型，复盘的 5 个主要环节如图 8-5 所示。每个环节都相当于一个"小钻石"，都要完成自己这一环节的发散和收敛。每个环节"小钻石"的输出会成为下一个环节"小钻石"的输入，进而整体连接成为一个"大钻石"，完成复盘整个过程的发散和收敛。其中，每个环节的发散和收敛简要说明如下。

1．O——目标结果的部分

一个 OKR 设定完成后，似乎是原定目标和实际结果很清晰明了。其实不然，越是难以量化的目标，在目标达成上往往就越有分歧。而在过程分析、优劣判断，以及原因分析之前，团队对目标达成程度的基本共识是十分重要的，这是后续大家可以共同深入继续探讨的基础。如果目标与结果的差距都没有共识，则后续不能进行良好的探讨。共识的困难有时在于人们总想去解释背后的理由和原因，这时要遵循的原则是"仅仅就结果进行探讨，先放弃解释和说明"，只有这样才会更加容易达成共识。另外，求同存异同样重要，即澄清人们对结果共同的认知是什么，不同的理解是什么。先让不同的判断和认知存在，这样也许更加有助于后续的深入分析以及彼此的相互探寻。因此，这一步就是呈现各自观点再达成共识的发散和收敛过程，发散起始于每个人对结果的认识，收敛结束于团队的共识或者是关于结果认知的有限分歧。

2．O——关键事件和关键节点的部分

复盘的关键是过程，用过程来解释结果，向过去的过程学习。OKR 设定完成后，如果不能将过程中的关键事件浮现出来，那么后续的分析会悬浮在空中，就像射箭失去了靶子。所谓的复盘，就是对比目标和结果，重新审视过程中的所作所为，进而提炼经验、总结教训。而对于哪些是关键事件，显然不同的人有不同的经历也有不同的视角，人们既需要呈现所有的关键事件，整合成一张大拼图，也要浮现每个人对关键事件的理解，倾听每个人对关键事件的解读，然后聚焦到对结果真正有影响的少数关键事件以及关键节点上。这个过程显然也需要先发散再收敛。

3. R——亮点和不足的部分

同样的目标、同样的结果、同样的过程和关键事件，这似乎是已经清晰得不能再清晰了，就像黑白两色的图画一样。但当人们对过程事件赋予颜色时，人们真的就会发现不同的人会给予不同的色彩。即同样的事件有人说好、有人说还行，也有人说不满意；有人欣喜、有人满足，也有人感觉无聊或者没有达成期望。团队需要对每一个关键事件有共同的认知和判断。人的感受或者判断差异越大，越说明背后值得挖掘的问题就越多。基于个人感受和判断的浮现，有共识的可以快速达成一致，而偏差大的则可能需要更多的倾听和挖掘。同样，对关键事件的浮现和个体认知就是发散，而找到亮点和不足的共识或者差异就是收敛。

4. I——原因分析的部分

这部分是成功经验的提炼，以及不足部分的原因分析。前面的关键事件、关键环节，以及人对关键事件的不同判断，就成为这个环节的发散的起点。其次，挖掘关键事件背后的智慧和经验，分析导致不足的根因。最后，无论是经验部分还是教训部分，都要聚焦到少数 3~5 个关键点上，以避免后续团队采取特别多的行动，而导致什么行动都没有落实。

5. D——行动计划的部分

这一环节要对在原因分析中的几个关键点，探讨具体的行动措施，既包括改进措施，也涵盖好的经验如何进一步发挥或者复制。首先是个人的思考，然后进行发散，再集中收敛到最后的计划上。

这样，通过每个环节"小钻石"的发散和收敛，整体上完成从 O 到 D 的"大钻石"的发散和收敛。发散和收敛可以让复盘整体保持节奏稳定、聚焦关键、群策共识、产出有效。

因此，通过 ORID 的研讨流程，应用共创式的发散和收敛的研讨方式，人们就可以得出 KISS 的复盘结果。当然，如果要深入到心智模式的层面，则需要在 ORID 的每个部分发现值得深入挖掘的关键点，问出好的问题，向冰山之下部分进行探究。MORID 整体的复盘，需要主持人具有较深的功力，也需要成熟的团队或企业文化，还要基于不可多得的契机。

关于复盘，笔者通过该节配合 OKR 进行简单、关键的介绍，但更系统、更深入、更细致的讨论，也包括冰山之下的复盘引导，本书先不做讨论。

问题解答

Q31：当 OKR 总无法达成而影响团队士气时，管理者应该怎么处理？——"说明"+"利用"

OKR 的方式使目标极具挑战性，有时 OKR 得分不到 1 分，最终得到 0.6~0.7 分都是常态。即便这样，一般也不会影响团队士气。这是因为大家习惯了这样的挑战，0.6~0.7 分是成功的，是值得大家庆祝的结果。之所以会影响团队士气，其主要原因是基于原来人的心理认知——只要目标没有达成就是没有成功，就会影响团队士气。

首先要做的是重新澄清 0.7 分和 1 分的概念及内涵。管理者要带领团队为 0.7 分进行庆祝，方式可以简单，但必要的仪式感是不可缺少的。另外，管理者充分利用这样的心理，即低于 1 分所带来的内在不满足感，带领大家挑战现状和用既有的经验进行探索、突破和创新，争取更多的 OKR 达到 0.8 分甚至更高分。这也是 OKR 的得分为什么这样设计的原因。

第 9 章　OKR 绩效评估

一般来讲，大部分管理者所做的绩效评估基本分为以下三个步骤：

（1）请下属填写表格，进行自我评价并打分。

（2）审核下属自评，进行判断并给出评语。

（3）约下属面谈，就个人评价与下属达成共识。

如果下属的自我评价与管理者的评价一致，那么这个面谈会很快完成，可能 15 ~ 30 分钟就结束了，甚至时间更短；如果下属的自我评价高于管理者的评价，那么这个面谈就变成说服，弄不好还会谈崩，严重时甚至会出现下属赌气离职或其他状况。

为什么绩效评估总达不到应有的效果呢？很多管理者认为是自己的沟通技巧不足所导致的，当然也有向外归因的。笔者认为这些都不是主要原因。一个表达能力不是很好的人，同样可以做一次很棒的绩效评估。下属所在意的不是管理者的沟通技巧，而是管理者是否真实地表达观点、客观的评价、认可和信任自己，并支持和帮助自己。因此，绩效评估效果不好的关键原因，通常是管理者出现了以下问题：

- 对绩效评估方面的理解和认知不足。

- 内在的状态和初衷有偏差。

- 绩效评估的流程和方法不到位。

- 不愿意为绩效评估做充分的准备。

- 前期 OKR 的设定和过程管理不到位。

OKR 的绩效评估与传统的绩效评估，实质上没有什么区别。它们都是管理者就下属的绩效结果、行为表现以及未来的发展和目标进行有效的谈话，只不过这里的目标换作了 OKR 而已。

笔者曾经的上司是一位非常职业化的经理人。他与笔者的绩效谈话，一般从早上 9:30 开始，持续到中午结束。谈话内容真实、态度坦诚，虽然也有压力，但不是压迫。对于笔者来讲，每次谈话都是一次全面的梳理和重新认知，不仅激励笔者去努力和改进，还能让笔者更加信任上司。绩效谈话是如何进行的？特别之处在哪里？它用了什么方法和工具？结合这个实例以及笔者的实践，给各位读者分享一下绩效评估比较系统而实用的做法，并附上相应的工具。

9.1 绩效评估三个维度：结果评价、行为评价、成长评价。

9.2 愿景、需求、成长三者结合：个人愿景、工作需求、当下行动。

9.3 绩效评估三个阶段：信息收集、评估准备、实施面谈。

问题解答

Q32：如何对 OKR 达成情况进行有效的评估？——"定义"+"方法"

团队对 OKR 达成情况进行有效的评估，首先要有一个前提条件，即 OKR 要可衡量、可判断（请参考 Q3 的答案）。OKR 能够量化的内容显然很好评估，但一定有部分内容不好量化，就需要在定义 OKR 时对后续如何评估能够达成一致意见，其实这也是 KR 的功能之一。

接下来，才是如何进行有效的评估。同样，能够量化的内容比较好评估，而不能量化的内容，即使前期对如何评估达成了一致意见，到最后进行评估时也会遇到困难。管理者掌握两个要点也许会对评估有帮助，这里仅先提出概念，具体内容详见后续章节的介绍。

（1）管理者要进行合理的说明和举证，要探讨分数背后的原因。管理者需要进行具体的、有重点的准备。（具体内容详见 9.3 节"一张白纸法"。）

（2）管理者要多方验证。管理者担心谈话有冲突时，可以先倾听其他人不同的意见，事先找一些了解谈话对象的人进行访谈，以验证或者调整自己的想法。

9.1　绩效评估三个维度

对绩效评估的理解

绩效评估的错误理解

大部分管理者对绩效评估有太多的误解。以下是关于绩效评估的八个误解。

- 为了符合人力资源管理程序而走过场。

- 仅就下属的绩效结果进行打分。

- 就下属的业绩表现简单判断好坏。

- 纠结过去，寻找下属的过失和缺点，让下属来进行检讨。

- 就下属的自我评估，给予"法官"一样的评判。

- 给下属贴标签，如优秀、合格、不合格。

- 为下属少发奖金或者为下属不晋升而找个理由。

- 一年只进行一次或者两次的谈话。

绩效评估的正确认知

以下是绩效评估的八个正确认知。

- 客观分析下属的绩效结果和贡献，确保下属得到公正的评估。

- 认可下属的努力、付出及其工作态度。

- 明确下属的责任、目标和方向。

- 激励下属在未来取得更好的绩效。

- 给予下属做出贡献的机会，用团队目标对个人目标赋予意义。

- 培养下属，将其个人成长与组织发展同步进行。

- 加深主管与下属之间的关系，加深彼此的信任。

- 营造引导性的、参与性的管理氛围。

绩效评估输出和评估输入的三个维度

绩效评估输出的三个维度

良好的绩效评估应该在绩效、成长和信任三个方面输出成果（见图 9-1）。

（1）**绩效**。下属对未来目标及工作重点、资源支持形成计划。

（2）**成长**。下属发挥优势、改进弱势、未来成长达成共识。

（3）**信任**。双方信任进一步加深，对未来如何更好地合作达成共识。

图 9-1　绩效评估输出的三个维度

这是双方谈话结束后应该达成的共识。不论是关于人、事，还是双方的关系；不论是过去还是未来，当下双方都应该达成的共识。

绩效评估输入的三个维度

为达成以上良好的输出成果，管理者应该全面地评估下属。评估内容应包括结果评估、行为评估和成长评估三个维度（见图 9-2）。

图 9-2　绩效评估输入的三个维度

1. 结果评估

关于原定目标和实际结果的具体对比，无论是定量的评估还是定性的评估，管理者都要公正、客观看待它。实际结果达成或超过原定目标，固然是好事，但不一定意味着下属非常努力；而实际结果没有达成原定目标，也不一定意味着下属没有尽力。关于结果优劣背后的认知也许差异很大，因此这个维度不探讨原因，只进行实际结果和原定目标的对比。

2．行为评估

对达成实际结果的努力程度和行为表现进行回顾，对过程事件和具体行为的关键点进行复盘。这里特别考验管理者对下属平时的观察、了解和积累。双方在这个维度要列举关键过程事件，回顾事件的关键环节，并据此具体探讨下属的行为和心态；分析目标达成的成功因素和目标没有达成的关键原因。这样的复盘和分析，对下属的成长十分重要。他既可以得到管理者的倾听和理解，也有机会进行表达和反馈。同样，对管理者也重要，这样不但可以全面地了解下属，进行印证和调整认知，还能正式提出自己的指导意见和建议。

3．成长评估

管理者不仅要关注目标达成，还要关注下属的成长状况。当下绩效是下属成长的证明，而成长才是其未来业绩的保障。就个人成长进行对话，不仅能验证绩效的合理性，更能体现管理者对"人"这一层面的关注，以及对未来的展望。绩效属于"事"的层面，仅是当下的结果。下属与管理者真正产生共鸣和连接的地方一定是在"人"的层面，也是在未来的层面。从这个角度来讲，"事"为此提供了一个对话的参照和契机。

以上三个方面的评估看似三个不同的维度，但彼此互为真假、互为因果，可以用来借假修真。如果管理者忽略其中的任何一个方面，那其本质上忽略的不是 1/3，而是一半以上。这是因为管理者不能使这三个方面彼此借力，彼此之间产生循环放大效应。

关于关系和信任的提升，更是上述三个方面谈话的综合效应。谈话谈得好，信任自然提升，关系自然加强。因此，在良好对话的前提下，可以进一步做的事：触及彼此的关系，说出特别想说的话，真诚地给予对方反馈和建议，并坦诚提出自己的需求，询问对方的反馈以及需求。只有这样，才能水到渠成，彼此相互信任，上下级关系得到进一步升华。

问题解答

Q33：有挑战的 OKR 不能有效达成时，管理者如何评估下属的努力程度？——内容三维度

OKR 不能有效达成，可能有很多的原因，而管理者可以对下属行为和努力程度的评估中看到 OKR 没有实现的原因。无论是组织还是个人，这都是一次很好的学习和成长的机会。因此，作为管理者和团队成员，双方都需要做好充分的准备，按照有效的面谈流程来进行评估。对于评估的内容，管理者要做到结果、行为和成长三个方面的评估；评估流程可以应用"面谈沟通七步法""面谈准备一张白纸法"（参见9.3 节的相关内容）。而在评估对话中关键的部分——成长评估，管理者要考虑将下属未来愿景或未来工作需求与下属当下的行动进行结合，以激发下属的潜能（参见 9.2 节的相关内容）。这些内容、方法和工具可以帮助管理者更加客观、公正地评估下属的行为，看见并认可其努力程度，而不是仅凭结果就做出评估。

9.2　愿景、需求、成长三者结合

在管理者与下属的绩效谈话中，**管理者对下属未来成长的关注是绩效面谈的关键转折点**。关于过往绩效评估应该以下属成长为终点，而关于下属未来的谈话也要以个人成长为起点。个人成长介于两者之间，是过去和未来之间最自然和合理的转承，也是绩效面谈的核心部分。如果双方谈好了这个核心部分，那么关于未来的目标、任务等都会迎刃而解。

能够激发管理者与下属就个人成长对话有两个关键的驱动力量：一是个人目标和愿景；二是工作标准需求。前者是内力，也可以叫作"拉力"；后者是外力，也可以叫作"推力"。不论是哪一种驱动力量，应用好了都能取得很好的效果。如果二者相互结合，谈话成果就完美了。将个人目标和愿景、工作标准需求、个人成长进行结合（见图 9-3），这是在绩效面谈中非常重要的策略。

图 9-3　愿景、需求、成长三者结合

个人目标和愿景结合当下行动

有些下属是"自燃"型的，特别有意愿与管理者共同展望未来、策划个人成长。这时，个人目标和愿景就是一个很好的"拉力"。这样，双方谈话应该从个人目标和愿景开始，然后分解成阶段性的小目标，再考虑探讨如何达成个人目标和愿景。双方谈话的关键问题如下：

- 未来 3 年的目标是什么？

- 这个目标意味着什么？

- 为了实现这个目标，每一阶段的小目标是什么？

- 要达成第一个阶段小目标，需要怎样的机会和任务呢？

- 为了完成这个的任务，我们的主要措施有哪些？

管理者可以通过前两个问题激发下属对未来的畅想，借由小目标回到当下行动，将目标与工作机会相结合，并得出具体的措施。这样就实现了个人目标和愿景与当下行动的结合。

工作标准需求结合当下行动

有些下属更倾向专注于当下行动，工作的标准需求就会是另一个推动力量。在这里，管理者特别需要强调组织未来所面临的挑战，由此引出其岗位未来的需要和标准，现状梳理、明确差距，并探讨如何达成目标。同样，关于阶段性的小目标，以及为实现每个小目标所需要管理者提供的机会和任务，必须得到明确认和共识。双方谈话的关键问题如下：

- 你认为未来组织发展对这个岗位的需求和标准是什么？

- 你目前的差距是什么？

- 这样的差距意味着什么？

- 为了达成目标或者超过目标，每一阶段的小目标是什么？

- 要达成第一个小目标，需要怎样的机会和任务？

- 为了完成这个的任务，我们的主要措施有哪些？

个人目标和愿景结合工作标准需求

如果个人目标和愿景与工作能够很好地结合，即每个人想要达成的目标和组织的目标是一致的，那么谈话堪称"完美"。但这种情况是可遇而不可求的，也是需要管理者用时间和精力进行挖掘和探索的。这样的理想情况，无论如何都是管理者面谈下属时需要努力的方向。所谓努力的方向，不是一定要达成目标，而是要努力沿这样的方向前进。只有努力了才有可能达成目标，而不是完全凭借运气。

关于下属对职位和薪资超出现实的期望，也可以结合个人目标和愿景来面谈。首先管理者弄清楚下属的期望，然后问下属："这个期望，我们可以短期（半年、一年、两年……）实现的是什么？""以我的能力可能帮你达成的目标是什么？"先以这样的方式将下属不切实际的期望降下来。然后，管理者再问下属："你认为工作需要达成怎样的标准，才有可能达成你这样的期望？"借此将下属的期望转化为工作标准需求，后续谈话就好谈了。

借假修真

概括一下，总体的做法如下：

- 双方谈话以未来的个人目标和愿景与工作标准需求相结合为基础。

- 双方明确相应的大目标，据此双方对目前的小目标达成共识。

- 双方探讨为达成小目标所要面临的挑战，策划关键行动。

- 双方讨论并配备相应的支持和资源。

- 最后，彼此相互承诺。

这样，个人目标和愿景、工作标准需求与个人成长三者之间就能做到很好结合。同时，做到了"借假修真"：

- 对于工作绩效，个人成长为假，工作绩效为真。

- 对于个人成长，工作绩效为假，个人成长为真。

二者之间互为真假，相得益彰。而如果忽略一方面，单独探讨另一方面，那是没有着力点的，也不会真正的奏效。

特别需要强调的是，不是每个下属当下都会表现出强烈的发展意愿，也不是每个人都乐于谈及个人的未来愿景。其中的原因可能有很多，但重要原因之一是下属此刻不信任管理者。下属对管理者的信任是管理者赢得的，而不是下属必须给的。管理者要努力思考："我需要做什么、怎么做，才能赢得下属对我的信任？"

其中，一个关键点是作为管理者一定要**相信每个人内心都有向好的需求和意愿**。管理者要相信每一位下属都期望得到认可和尊重；都期望被接纳、被喜欢、被重视；也都希望自己是有价值的、不可或缺的……关于这样的内在需求，管理者首先要信其有，才有可能将其激发出来。而如果管理者根本不信任下属，那么以上的探讨都是在走过场，下属难以体会管理的内在真诚。

Q34：如何设定既符合实际情况又有利于下属成长的 OKR？——"优势"＋"贡献"

一般有两个关键点：一是下属的优势；二是组织/团队需要的贡献。前者考虑下属，有利于其成长和提升；而后者考虑组织的需求，以及下属优势的应用场景。二者兼顾，将个人意义与组织价值——目标和任务的连接，就是这个问题的答案。

9.3　绩效评估三个阶段

绩效一般从三个维度进行评估；成长需要用三个结合予以展望。但在这个过程中，如果没有合适的工具，则效果和效率会大打折扣。按照绩效评估的三个阶段（见图 9-4），分别给出相应的三个工具，并加以说明。

下文先介绍绩效评估的准备和面谈步骤，然后解释信息收集。

（1）**面谈准备**。为顺利实施面谈，达成良好的谈话效果，双方面谈准备的过程。

（2）**绩效面谈**。双方约定时间、地点，就下属绩效进行沟通并达成共识的过程。

（3）**信息收集**。其包括：下属关键任务、绩效结果、行为特点的日常观察和分析过程。

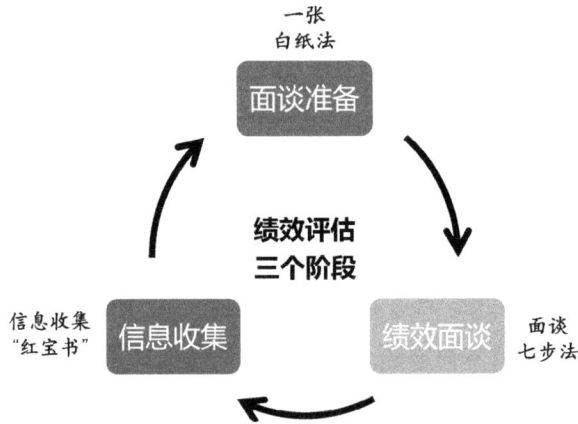

图 9-4　绩效评估三个阶段

面谈准备工作

通常的做法

在一般情况下，管理者会先发一个表格给下属，下属进行自评和打分。然后，这个表格会通过邮件、纸面或内部沟通系统反馈给管理者。管理者在下属自评的基础上给出一定的评价和分数。管理者约下属谈话，主要就管理者的评价和分数达成共识，或者称为"压力共识"。当然，在这个评估中也会谈及下属未来的目标以及发展，但前面的评判很容易会让下属不悦，从而导致未来规划的效果并不理想。

其实，在这个准备过程中，管理者并没有对下属过往绩效、行为表现进行全面、深入的复盘和分析，而仅仅以下属的自评为基础，凭借个人的印象和感知，对下属进行评价。在此情境下，管理者和下属之间是不会有平等的、真正的对话发生。在潜意识中，管理者把自己当成了"法官"，就结果进行"裁决"。其实，下属内心真正的需求和期待是真诚深入的对话，而不是对其进行冰冷的评判。

一张白纸法

在弗雷德蒙德·马利克的《管理成就生活》中，介绍过一张白纸法。根据笔者的理解和实践，在此给各位读者更为详细的解释。为什么叫一张白纸法呢？其主要目的是建议管理者放弃"批卷"的做法，只用一张空白纸，针对管理者要回答的关键问题进行思考，使其对下属进行真正地分析和评估。这些问题回答完毕，绩效评估的面谈准备工作也就完成了。在一张白纸法中，管理者要回答的问题如下：

（1）下属完成了哪些重要的、值得总结和评估的任务？

（2）原来的目标是什么？实际结果是什么？

（3）实际结果超出目标的是什么？没有达成目标的差距在哪里？

（4）根据实际情况，我内心真正的期望是什么？下属应该做到什么？

（5）下属做得好的部分是什么？下属做得不好的部分是什么？

（6）下属做得好的原因是什么？可以提炼的经验有哪些？其展现了哪些优势？

（7）下属做得不好的原因是什么？下属需要改进的地方有哪些？其体现了哪方面的弱势？

（8）下属在哪些方面需要得到管理者的特别认可？在未来工作中下属能够发挥的优势是什么？下属需要改进的弱势是什么？

（9）下属做哪一类特别的任务或项目，才能帮助其发挥优势、改进弱势？

（10）为此，我需要给予下属哪些资源和支持？

针对上述 10 个问题，人们就会发现它们沿用了 ORID 的结构。问题 1~4 是关于事实的；问题 5~7 是关于判断和分析的；问题 9、问题 10 是关于未来计划的。简要说明如下：

- 问题 4 是指管理者要依据自己的经验对业务实际情况进行判断。管理者对下属的评估，仅仅依据目标来进行评价，也未免太过简单和武断。因为目标是当初团队设定的，而实际情况是发展变化的。管理者要根据自己的经验和洞察力对实际情况进行再定位，用自己的期望对下属进行评估，才是真正负责的表现。有人说这样似乎是比较主观的。那么有一个问题：原来设定的目标，在本质上不也是主观的反应的吗？管理者如果真的基于经验和实际情况变化，对目标重新进行了更为客观的判断，自然也就会有充分的理由来向下属进行解释和说明。

- 问题 5~7 是管理者对过去事实和行为的判断和分析，是由结果到过程，从"事"到"人"的行为的转变和关注。

- 问题 8 是一个过渡性问题，真正展现了管理者对于下属的关注和尊重，展现了管理者内在的真诚——对下属个人发展的思考。

- 问题 9、问题 10 是管理者对未来的计划，应注意个人愿景、工作需要和个人发展在这里要做到很好结合。

在完成以上 10 个问题的回答之后，还有 3 个补充问题值得思考：

（1）针对以上 10 个问题，下属会有什么不同的看法？管理者需要做什么特别的准备？

（2）在谈话时，管理者如何开场，才能有效地创造谈话的氛围？

（3）管理者说什么、怎么说会让谈话陷入僵局呢？如何避免此种情况发生呢？

这三个问题是换位思考，可以帮助管理者完善前面的面谈准备。这里特别考验管理者和下属之间的关系。如果目前彼此十分信任，则这三个问题很好准备；而若管理者和下属之间信任关系不好，则管理者需要认真做准备。因为这次谈话就是一次重新建立信任的机会，特别值得管理者认真对待。

一张白纸法的准备，不需要参考下属的自我评估。越是独立的准备，越能找到差异，进而激发好奇、有深度的对话。因此，前面谈到的"通常的做法"，管理者不独立准备只靠"批卷"，是不能做到有效准备的。如果管理者要参考下属的自我评估，也要独立完成准备之后再去参考。同样，前面 10 个问题也可以分享给下属用来准备面谈。另外，也需要下属站在上司角度来进行换位思考，回答补充问题，只需把第一个问题中的"下属怎么看"换成"上司会怎么看"即可。下属的充分准备是绩效谈话成功的另一个保障。往往在谈话开始前，管理者需要确认下属的面谈准备程度。如果下属面谈准备不充分，则不要开始谈话，给他时间做准备，重新约定时间进行绩效面谈。

绩效面谈七步法

用来评价绩效面谈效果比较关键和明显的指标是时间占比。如果管理者所占用的时间明显高于下属的时间，基本就可以断定面谈效果会大打折扣。在谈话中，管理者主要应以提问和倾听方式来引导下属，而不是教育、说服，甚至更加严厉的方式。尤其在谈话的前半程，如果管理者所占用的时间占比为二三成，则说明谈话基本进入良性的轨道。

谈话前半程的主要任务为澄清事实，是关于目标和结果的事实、关于下属努力程度和行为表现的事实。谈话的后半程才是管理者就事实进行判断和分析，进而提出相应的目标和行动方案。过早地进入到面谈后半程，会因谈话基础的澄清不足，导致错位、争论，甚至引起冲突的可能性大大增加。

基于此，绩效面谈七步法分为搞气氛；建框架；下属先讲；上司后讲；找差距、创方案；求共识；互相承诺；收关系等环节。

1. 搞气氛

气氛可以宽松，也可以紧张，取决于上司（管理者）对下属以及彼此之间关系的认知。搞气氛是为后续的谈话奠定基调，并不是为了追求和谐。既然这样，针对个别下属偶尔制造一下必要的紧张气氛也未尝不可。

2. 建框架

说明谈话的目的、时间、谈话范围。当搞气氛结束后，上司惯用的谈话导入往往是"对于去年，你给自己的评价是什么"，而有效的谈话导入是："我们一起来聊一下，明年我们需要怎么做，才能帮你做得更好？""关于前一阶段的工作，你先来谈一下你个人的想法吧。"

3. 下属先讲

目标、结果、过程等这样基本的事实都是下属先讲、上司后讲；哪里好、哪里不好、经验是什么、原因是什么，也是下属先讲、上司后讲；未来如何改进、目标是什么、行动是什么、需要什么资源和支持，同样是下属先讲、上司后讲。

4. 上司后讲

上司后讲，并不是一定要等下属把所有内容全部讲完。上司需要掌控谈话的节奏，按照一张白纸法的问题引导下属，按"下属先讲、上司后讲"逐一推进。有时上司先讲一点儿做引导或者铺垫，再以提问的方式带动下属进行表达，然后去倾听和回应。如果不这样做，待到上司完整地表达完毕，往往得到的回复就是"都听您的"。更何况，如果上司的表达稍微带有片面、偏见、负面的判断和信息，那下属更是谨言慎行，或者辩解防御，或者争论冲突，甚至产生严重不良的谈话后果。

5．找差距、创方案

通常来讲，在一张白纸法中的问题 1 ~ 3，彼此认知差距一般比较小，但也是最容易被忽略的。往往谈话没过几分钟，就急于深入后续的内容。实际上，问题 1 ~ 3 的共识，可以为后续问题的沟通奠定良好的基础。问题 4 ~ 5 是谈话中最容易激发冲突的关键点，这个部分只有谈透彻、达成共识，后续问题 6 ~ 10 才可能向纵深发展，取得良好的谈话结果。一张白纸法的每一步都要注意先总结共识再澄清差距，然后就差距共同寻找解决方案。当就每个差距寻求解决方案时，双方也要做到"下属先讲、上司后讲"，共同创造性地思考，不能满足于第一、第二个答案，而要找到第四、第五个答案，甚至更多的想法。这时，上司最有效的问题往往是"还有吗"，用这样的问题引导下属继续表达，而不是急于表达自己的想法。

6．求共识、互相承诺

针对一张白纸法所涉及的目标、结果、好坏、理解、分析、计划、行动、资源和支持等，双方都要达成共识。共识要按照一张白纸法的 10 个问题逐步完成，不能全部沟通完毕最后再回头去找共识。对于承诺，上司要首先承诺自己需要做到的部分，包括资源和支持，然后询问下属关于目标和行动的信心指数，得到下属的承诺。如果下属信心指数低于 7 分，就需要进一步探讨和分析，补充解决方案。

7．收关系

最后，在前面深入沟通的基础上进行彼此关系与相互合作的反馈，一个完美的谈话结束语往往是类似这样的话语："你对明年有信心吗？""需要我的支持和帮助请随时找我。"而另一种手法是吃饭。如果双方能够坐在一起吃一顿午餐或者晚餐，进一步深入沟通，谈话成果就会更好。

关于绩效面谈七步法谈话节奏的把握和掌控，读者可以借鉴 8.3 节中发散和收敛的原理。其实，一张白纸法 10 个问题的发散和收敛是应用绩效面谈七步法中步骤 3 ~ 5 来进行的。"下属先讲、上司后讲"就是发散；确认彼此认知的一致性，找到彼此的差异，寻求解决方案就是收敛。

这里解释一下，为什么要"下属先讲、上司后讲"。心理学家乔瑟夫·勒夫和哈里·英格拉姆在 20 世纪 50 年代提出了"乔哈里窗"模型（见图 9-5），是关于沟通技巧的理论。根据这个理论，将人的内心世界分为四个区域：公开区、隐藏区、盲区和封闭区。在彼此的沟通中，人们所交流的信息包括结果、过程、情感、经验、观点、态度、技能、目的和动机等内容。对于同一件事情或同一段经历，每个人都只了解这些方面的一部分，都有自己知道和不知道的部分，也有对方所知道以及不知道的部分。如果双方共同知道的部分——公开区越大，沟通效果就越好。

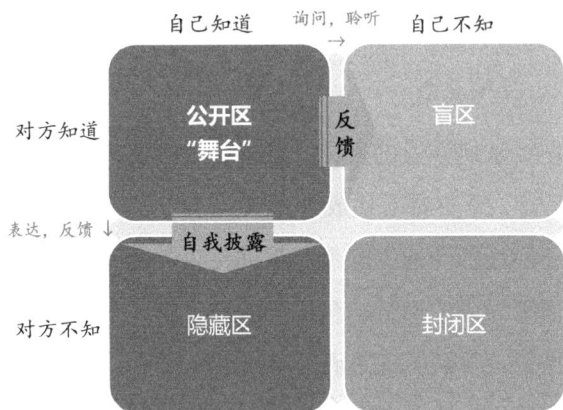

图 9-5 "乔哈里窗"模型

上司和下属关于绩效的沟通情况也是如此。由于彼此的信息是不对称的，在没有得到下属真实信息的情况下，上司根据自己片面的事实进行独自判断，并在这个基础上给出对下属的建议甚至批评，谈话效果可想而知。这就是为什么"下属先讲、上司后讲"的根本原因。同时，因为地位、权威、性格等因素，下属一般都倾向保留或隐藏自己的态度和想法，因此上司就更需要先请下属表达想法，自己去提问和聆听，以核对并确认自己的理解和认知，再提出自己的观点和看法。然后，上司厘清目前的信息，找到彼此的差距，共创解决方案。这是绩效面谈七步法中步骤 3~5 的根本来源。

信息收集"红宝书"

前面两个工具，如果管理者能够认真理解和领会，就会发现谈话特别有效果。即使管理者的沟通技巧并不老练，在这样的面谈准备下，应用绩效面谈七步法，管理者也能做得不错。但是，这里还有一个前提条件，就是管理者要对下属有真正的了解。在应用一张白纸法做面谈准备时，管理者可能会感觉眼前一片模糊，发现自己对下属既"了解"又"不了解"。管理者了解的是对下属有基本的判断，似乎也能给出一两个例子。管理者不了解的是，如果认真地回答上述 10 个问题，则不能完全回答上来。即使能够想出来，也没有翔实的信息和事实予以支撑。

那么，管理者应该怎么办呢？其关键在于管理者平时对下属的观察和积累。笔者介绍另一个小工具——"红宝书"来解决这个问题。针对下属在平时工作中可圈可点的关键任务和目标，管理者可以用"红宝书"中的 6 个问题来对下属进行观察和记录。具体内容如下：

（1）下属的关键任务和目标是什么？

（2）下属在执行过程中的关键表现如何？——记录关键事实。

（3）结果与目标比较，下属表现好或不好的关键原因是什么？

（4）下属的优势和弱势分别是什么？下属需要发挥的优势和必须改进的弱势分别是什么？

（5）后续什么类型的任务和目标能够帮助下属发展优势并改进弱势？

（6）管理者需要做哪些方面工作来进一步支持和帮助下属？

对于下属的关键任务和目标，当管理者完成了以上几项观察和记录后，接下来的动作就是找下属进行谈话沟通。这本来就是管理者在平时绩效辅导中很重要的一个部分，只不过有些管理者平时做得不够好，缺少积累而已。"红宝书"可以看作是一张白纸法的微缩版。如果管理者在一年之内能够对 7±2 个关键任务做出这样的观察和记录，就不会再发愁年末准备谈话了。

关于绩效打分，在没有充分的信息收集、准备和深入的面谈时，所有的打分都没有实际意义的，也很难达成一致。这样的冲突尤其在绩效特别好或者特别不好时容易发生。反之，如果管理者有了充分的观察、准备和沟通，分数自然而然就会成为谈话的结果，不会出现重大的偏差。因为平时双方就有彼此认知的共识和积累，所以打分应该是面谈最后才谈及的话题，而不是面谈的起点。如果以打分开始绩效谈话，后续谈话就是各自为自己的分数寻找理由，并攻击对方的漏洞，最后管理者只好在分数上妥协，或者双方不欢而散。

如果 OKR 以季度为单位，关于季度结果、季度表现以及最后的分数就可以应用前面所讲的思路和方法。季度谈话的难度应该比年度谈话的难度小很多。如果每个下属的绩效都可以在每季度以这样的方式面谈，年度谈话就会顺利很多。

问题解答

Q35：如果每位下属设定的 OKR 均不同，那么管理者如何统一目标？ —— "贡献" + "对焦"

第一，当下属在设定目标时，管理者需要给予他们一个前提条件，要求下属思考个人 OKR 对团队 OKR 和业务做出的贡献。这样可以将个人 OKR 与团队 OKR 进行连接。

第二，团队进行一次目标的对焦和评估。当下属设定完 OKR 后，管理者请每个团队成员将个人 OKR 对团队 OKR 和业务的贡献度在团队内部进行分享，团队内部分别对个人 OKR 进行评估，决定哪些个人 OKR 值得被团队采纳和执行。

以上两个方面，前者是在个人 OKR 设定之前，后者是在个人 OKR 设定之后，这样基本就可以将个人 OKR 和团队 OKR 有机地结合起来了。

附录 A 正文问题汇总

附录 B　补充问题解答

Q36：OKR 实施的精髓是什么？

OKR 实施的精髓是三条关键管理原则，分别为结果导向、聚焦关键和反馈闭环。这三条关键管理原则的解释参见本书第 7 章 "OKR 管理三原则" 的内容。

Q37：O 有规范的格式要求吗？

O 的表达是有格式要求的，O 要写成 "做……达成……"。前者 "做……" 是达成 OKR 的行动概括；后者 "达成……" 表示 OKR 的目的。这样 O 的核心内容就都有了，再加一个时间元素即可，即 "什么时候，做什么，达成什么"。（具体内容参见 1.2 节中 "O 的格式写法"。）

Q38：KR 规范的格式要求吗？

KR 是关键结果，用来验证或者表征 O 达成与否，是 O 实现与否的判断标准。KR 是结果性指标，而不是过程性指标（"里程碑"）或者具体行动。因此，KR 是名词或者以名词为核心的短语。（具体内容参见 1.2 节中 "KR 的格式写法"。）

Q39：KR 与 "里程碑" 是什么关系？

KR 是结果性指标，"里程碑" 是过程性指标。先有结果性指标，然后按照 KR 或者行动的时间节点进行 "里程碑" 的区分，一个个的 "里程碑"

逐渐达成，意味着 KR 的达成度也在逐渐接近预定目标。因此，不能用"里程碑"来替代 KR。（具体内容参见 1.2 节中"KR 的格式写法"。）

Q40：如何才能保证 KR 的完整性？

片面强调 KR 的完整性是没有必要的，应用管理原则"聚集关键"，只需要少数关键的 KR，而不是全部的 KR。但是如果关键的 KR 漏掉了，则会对 O 的达成有比较大的影响。在聚焦关键的基础上，如何进一步确保 KR 没有重大的遗漏呢？个人或团队应用"反馈闭环"的管理原则，即 KR 确定以后，要问自己或者团队这样一个问题："这几个 KR 如果能够达成，是否能够保证 O 一定达成？"如果答案是"Yes"，那么说明目前的思考没有问题；而如果答案是"No"，则需要进一步思考原因。具体内容参见 3.2 节的介绍。

Q41：不同的 O 可以有相同的 KR 吗？

不同的 O 当然可以有相同的 KR。例如，体温指标，在不同的疾病诊治中都可能是需要控制的指标之一。再如，餐饮行业，提升新菜开发速度，是提高客户满意度和提升厨师能力两个 O 都需要的 KR。如果不同的 O 有同样的 KR，那么说明这个 KR 异常重要，特别值得人们重视。

Q42：OKR 一般是以季度为周期，可以延长或者缩短吗？

OKR 缘起于互联网公司，一般是以季度为周期来进行设定和管理。究其原因，主要是组织所处的外界环境发展变化的速度比较快。基于这个前提条件，如果组织所处的外界环境相对稳定，就可以设定 1 年或者半年的 OKR；如果组织所处的外界环境变化更快，就可以设定 1 个月的 OKR。另外，周期长短与 OKR 的完成时限相关。如果 OKR 的设定时限是 4 个月，那么设定 4 个月的周期，每月迭代一次；如果 OKR 很重要但时限只有 1.5 个月，就设定 1.5 个月的 OKR，每周迭代一次。这样，通常意义的年度目标就可以按照"里程碑"拆解成季度的阶段性目标，用当季的小目标进行季度管理和迭代，从而实现年度的大目标。

Q43：如何确定公司哪些 OKR 应该在部门得到落实，部门还需要增加哪些 OKR？

这个问题难以给出具体的答案，但并不妨碍人们对其进行分析并得出建议。此问题产生的关键原因是公司 OKR 与部门 OKR 之间没有发生链式反应。（链式反应的概念参见 Q10 的答案。）

- 一是公司 KR 不接地气，策略性举措不健全，导致部门不能直接得到 OKR 落地的线索。

- 二是在设定公司 OKR 时，部门的负责人没有参与或者参与度不深，是属于被告知、被动执行的角色，造成对公司 OKR 的目的背景不理解，没有办法往下传达和落实。

- 三是在设定部门 OKR 时，部门没有先分析和理解公司 OKR，以及与本部门相关的 OKR，再来探讨本部门能够做出的贡献。

基于以上 3 个原因，导致部门不知道需要落实公司哪些 OKR。至于部门还需要在这个基础上增加的 OKR，管理者可以运用 ME-WE-ALL 工具，带领团队群策群力进行发散和收敛，最后确定对团队和公司贡献度大的目标即可。（这个方法参见 3.1 节 "自下而上的共创" 相应的操作步骤。）

Q44：有一部分 OKR 预估不准确，怎么办？

因为组织受外界环境变化的影响，所以 OKR 预估不准确是十分正常的现象。越是新兴的行业、创新的业务，OKR 的估计就越难掌控。组织回到目标的定义上——"目标是当初对于未来的期望"，站在过去的时点上来看 OKR，没有谁当初对未来的估计能够 100% 准确。既然估计不准，那么还要估计吗？当然要估计，这正是目标的价值和意义，即目标就是帮助团队塑造未来的工具之一。（具体内容参见 1.1 节的介绍。）

此问题可以转化成"团队发现 OKR 不能达成时，怎么调整？"或者"OKR 如何预估得更加准确一些？"两个问题。对于 OKR 不能达成时如何调整，在 Q30 答案的基础上，有以下三种做法：

- 当发现后续行动不能达成目标时，团队需要调整的是行动计划和资源配置，即迭代行动计划。

- 当目标设定的外部条件发生了重大变化或者团队内部出现重大无法克服的挑战时，团队需要迭代 OKR 和行动计划。

- 当发现最初设定 OKR 时，对外界趋势的估计是错误的，团队需要考虑的也是迭代 OKR 和行动计划。

而"OKR 如何预估得更加准确一些？"可以参见 Q20 的答案。

Q45：创新性的工作要不要设定 OKR？

创新性的工作，一定要设定 OKR。越是说不清楚的创新，其风险很可能就越大，可能浪费更多的资源和时间，因此它值得人们仔细思考。OKR 刚好提供了定义创新、分析挑战、寻找策略的框架。另外，OKR 的迭代特点，为创新性的工作提供了持续思考的机会。这样，创新性的目标和计划，可以通过 OKR 的方式，随着工作的进展而逐步迭代，逐渐清晰。团队持续思考的结果可能：厘清创新性的目标和计划、资源的重新配置、重新定义方向或者放弃创新及时止损等。无论如何，这对创新性的工作都是有价值的。

Q46：各部门的 OKR 都实现了，但组织总体目标没有实现，该怎么办？

这反映了某些组织在目标设定上存在问题，越是大型的组织，这种问题出现的概率可能越大。组织越大，业务/部门之间就越难以协同，目标的设定因此倾向于"本位主义"，最终导致各部门"只扫门前雪"。造成"本位主义"的原因中有两个关键点：一是由于协同困难，管理者承担意愿下降，不想设定超出本部门责权范围之外的目标，更不要说横跨几个部门的目标；二是管理者尚欠缺全局思维和能力，未掌握相应的方法和工具。

在本质上，分工的目的是更好地协同，但往往分工导致了部门与部门之间的"筒仓"效应。关于组织协同，从管理大方向来讲，团队需要在以下四个方面做出努力。

- 组织结构和流程的优化——目前，组织结构搭建和优化所依据的核心理论大多不甚完善。笔者推荐一个组织结构理论——存续生存系统模型（Viable System Model），是仿生学和控制论的结合。

- 塑造合作的企业文化和氛围——如果说组织结构是难以协同的"硬伤"，文化氛围就是"软伤"。例如，绩效考核方式就是加剧这种问题出现的原因之一。只有二者软硬兼施，才能发挥最大的效力。

- 培养具备大局观和战略性视野的管理者——不但要具备这样的能力，还应具备这样的心态和担当感。管理者的能力和责任感在很大程度上克服结构流程的问题，更是塑造组织文化的关键。其中，高层管理者是重中之重。

- 协同制定战略和目标——在本质上，战略和目标就要协同，战略和目标的制定方法方式也要协同。

前三个方面不是本书要探讨的内容，在第四个方面，OKR 承接战略要进行如下关键思考，以保证各个部门的 OKR 达成，战略一定可以实现。

- 在设定各部门 OKR 之前，各部门一定要对战略有深度的理解和共识。这是 OKR 能够对战略形成贡献的重要前提条件。

- 各部门需要思考："设定什么样的 OKR 才能对战略和目标做出关键的贡献？"

- 在各部门设定 OKR 之后，各部门要共同进行闭环思考——如果这些

OKR 实现了，那么是不是战略一定可以达成，战略和目标一定可以实现吗？

- 如果不是，那么是哪个战略和目标以及战略性的 OKR 目前还不够充分？部门运用 ME-WE-ALL 工具，共同思考："这个战略和目标还应设定什么 OKR？"

以上的做法，可以在设定各部门 OKR 之初，能够在 OKR 的设定环节保证对战略反馈闭环。另一个重要的环节就是在跟进迭代过程中，要在 OKR 进行迭代调整之时，闭环思考"OKR 如何迭代调整，才能更好地实现战略？"以防止 OKR 的调整失去了方向，忘记了 OKR 的战略初衷。

Q47：如何充分了解上下级之间对目标的期望？

了解上级对目标的期望，有时容易有时难。容易的时候，只要下属问，上司会告诉下属。下属需要做的是主动询问，而不是被动等待。下属主动询问上司的期望是良好的工作习惯，也是上司在管理中非常重要的一个环节。难的时候，上司不说，下属问也问不出来，这也许上司也没有想好。而当下属将 OKR 上报时，得到的却是不满意的回复。下属从上司这里得不到答案，主要原因可能有三种：

- 上司管理的幅度比较大，复杂性比较高。例如，一位上司管理几种完全不同的工作，而他又不是每方面的专家。

- 由于时间精力或者专业的原因，上司没有时间对下属的工作进行细致的思考。

- 上司在责任心或者管理能力上有所欠缺。

面对上述三种原因，下属应该做什么呢？这里笔者给出以下五点建议：

- 尝试理解上司的 OKR 和工作重点，思考需要做什么、设定什么目标才能对上司的 OKR 有所贡献。

- 将上司的 OKR 分享给团队，带领团队共同思考可以做出什么贡献。

- 带上个人选定的 OKR 以及备选的 OKR，向上司陈述自己的选择和判断，然后倾听上司的想法和观点。

- 如果这样还是被否决了，下属就询问上司的建议："你会建议我定什么样的 OKR 呢？原因是什么呢？"

- 邀请上司参加团队 OKR 的探讨，让他更多地了解实际情况。

而上司了解下属对目标的期望相对简单一些。ME-WE-ALL 工具完全可以做到了。上司用这样的方式倾听每一个下属的想法，记住要领中的"给予压力"，这是制胜的法宝。具体内容参见 3.1 节"自下而上的共创"。

Q48：把团队的 OKR 当成个人的 OKR 合适吗？

这个问题要分两种情况来回答：第一种情况，团队的 OKR 刚好就是团队成员的职责范围，成员也是整个 OKR 的负责人，这时自然是可以的；第二种情况，在设定 OKR 时，由于设定 OKR 不那么容易，不能有效地深入思考来设定合适的 OKR，因此团队成员会"偷懒"一些，直接用团队的 OKR 作为自己的 OKR。显然，第二种情况并不适用。

Q49：团队的目标无法向下有效拆解到团队成员，怎么办？

这个问题的原因如下：

- 由于团队的目标设定得太空大，不够具体，成员难以理解，因此难以拆解。

- 团队目标没有问题，但是 KR 不够接地气，相当于"链式反应"（见 Q10）的中间环节断裂，自然也难以拆解。

- 虽然团队 OKR 没有问题，但是团队成员不能对团队 OKR 进行深入解读和达成共识，因此拆解出来往往无法进行有效闭环。

- 团队成员没有拆解团队 OKR 的方法和工具。

- 团队成员业务经验欠缺，无法对工作目标做出有效的判断。

前四个原因的对策为：用 1.2 节 "O 的写法"来检查团队的目标是否具体和明确；带上团队成员共同设定团队 OKR，或者理解团队 OKR，再让团队成员自己设定（参见第 3 章相关内容）；培训团队成员 OKR 的方法和工具，并辅导团队成员学习使用。关于第五点的对策，管理者或者其他资深的团队成员辅导业务经验欠缺的成员共同设定 OKR。

Q50：如何处理超出自身岗位职责限定的 OKR？

岗位职责规定员工清楚七八成的工作就不错了，某些新岗位或者新组织，能够明确规定的就会更少。因此，设定目标 "超出自身岗位职责限定的 OKR"就不能成立。

从另一个角度来讲，如果上司给了下属明显属于其他人的目标，下属需要做的是明确地去询问和澄清，了解上司给自己而不是给到同事背后的思考是什么，然后再决定如何操作。

Q51：团队成员之间的 OKR 可比性怎么样？如何平衡并做到彼此公平？

团队成员之间的比较，这样的做法总体来说是工业时代的做法。工业时代是标准化流程、标准化动作，工人只是流程或者设备的一部分，完全可以按照量化的产出来进行比较，因此可以把工人进行相互的比较。而现在是知识时代（特指知识工作者），团队中每个人的任务不同、目标不同，每个人的能力和专长也不同，很难做到横向的公平比较。

相对而言，只要是横向比较就会显失公允，因为管理者不可能要求能力不同的人产出相同。恰当的做法是，管理者将各自实际绩效和原来目标进行前后比较，将每个人的现在表现和过去表现进行纵向比较。将人进行横向比较是不得已的做法。比什么呢？可以比的是对组织的贡献度。从逻辑学角度来讲，能力不同应该贡献不同，这是可以比较的。能力强没有做到应有的贡献，即使其贡献比其他人大，评估也不能得到优秀。

如果一定要横向比较，其前提是管理者与团队成员做一次真正的良好的绩效评估和面谈，而不是简单打分和判断优劣。管理者要先做好绩效评估，再来谈绩效考核。绩效评估在实际情况中有太多的误解。（关于绩效评估正确的认知以及如何进行评估，具体内容参见第 9 章的介绍。）

Q52：OKR 的跟进有什么好的工具和方法吗？

跟进 OKR 典型的方法就是周会。另外，加上其他的可视化的手段和工具的配合。针对 OKR 的快速调整和迭代的特点，传统的、冗长低效的会议方式显然是跟不上节奏的。为此，笔者设计了一个方法——"三只青蛙周会法"，结合可视化的手段，用"星级"体现 OKR 难度，用"信号灯"表征完成状态，加上"轻引导"的主持方式，可以使周会简洁明快、富有成效。（具体内容参见 6.1 节的介绍。）

Q53：试用期结束后，OKR 没有达成，这样的员工可以转正吗？

管理者首先要考虑 OKR 设定是挑战性的还是验证性的。如果是挑战性的 OKR 没有达成，试用期员工达成了七成或者更低，那么管理者可以考虑给予其转正。如果是验证性的 OKR，是管理者期待在试用期员工能力范围内应该可以达成的目标，那么是否要转正可能还要参考其他一些因素。

转正的标准大致分两类：能力和心态、行为。在能力方面，管理者要看试用期员工"是否符合"以及"能否培养"。在心态、行为方面，管理者要看试用期员工是否符合团队气质和组织文化。即使没有达成 OKR，如果这两个方面都符合要求，也可以考虑将员工转正。

但这里有个前提条件，就是"充分的"考验。充分的考验一定是以挑战性任务和目标为条件的。只有在挑战下，才有可能验证员工能力如何，以及压力下的行为和心态反应。相反，如果没有这样的压力，那么管理者的观察往往会浮于表面。

Q54：如何做到全员认同并参与 OKR 的推行，而不仅是有意愿的一小部分人？

全员认同并参与的前提条件是高层管理者的真正理解、强有力的支持、亲身的实践和应用。如果没有这样的前提条件，那么 OKR 是不会达成的。如何赢得高层管理者的支持成为 OKR 推行的关键。在 OKR 的推行过程中，涉及众多的业务单元和职能部门，高层管理者的言行才是真正的信号。

通常，对于 OKR 的推行，即使是高层管理团队内部，也是持有不同的声音。变革管理的经验告诉人们，在这种情况下，"试点策略"显得至关重要。小范围的试点：利于聚焦、取得成果，快速迭代和调整，也方便验证外部的理论工具和方法的适应性。通过试点来展示成功经验，争取高层领导团队更多的支持，得到更多的资源，然后再逐步推进 OKR。

在先期试点、后续推广梯队的选择上，组织要注意选择文化氛围好的、执行力强的、管理者意愿度高的团队来进行试点，这样可以最大限度地保证 OKR 推广试点的成功。同时，组织还要考虑相对独立，能够自成体系的小单元进行试点，这样可以尽量减少大体系对它的影响。另外，组织要把最难以推进的部门留到最后，采用逐步包围的策略。

用这样的方式来赢得支持、逐步推进 OKR，进而取得全员的认同和参与。高层管理者不要期待从开始就得到一致的认同和参与，这不太现实。

Q55：业务部门频繁更改或者调低 OKR 挑战性，HR 应该怎么办？

其实这个问题应该是代表 OKR 的推行部门来问的。往往 HR 会成为 OKR 推行的内部顾问部门。实际上，这个问题可能比较复杂。前面的很多问题的回答，如 Q1、Q12、Q19、Q20、Q21、Q30、Q44、Q45、Q54 等。除了这些原因，人们需要探讨一下 HR 在 OKR 推行中的角色，尝试从另一个角度回答这个问题。

当业务部门频繁更改 OKR 或者调低 OKR 挑战性时，对此 HR 要表达质疑和承担责任的应该是分管那个业务部门的高层管理者。业务究竟要定什么样 OKR，目标值要多高，不仅是业务部门的事情，更是组织的事情。OKR 背后应该展现的是组织对市场的判断和对业务发展的预期，HR 应将这个责任交还给业务部门，不要把自己置于"监督"的角色上。

笔者希望 HR 把自己置于"顾问"的角色，在业务部门有意愿的前提下给出帮助，不然可能适得其反。HR 帮助可以有意愿获得帮助的部门，运用自己内部顾问的角色和扎实的引导功底，或者借助外部力量，帮助一部分部门取得突出绩效，证明 OKR 的效果，以此来激发其他部门。

另外，HR 要帮助高层来引导业务部门。有时高层很重视，但也不知道该如何处理。这时，需要 HR 将自己的观察和建议汇报给高层管理团队，由公司高层管理团队对业务部门提出宝贵的意见并给予指导。

参考文献

[1] 山姆·肯纳. 结构化研讨——参与式决策操作手册[M]. 闫永俊，王洪君，译. 北京：电子工业出版社，2016.

[2] 英格里德·本斯. 引导——团队群策群力的实践指南[M]. 任伟，译. 北京：电子工业出版社，2013.

[3] 彼得·德鲁克. 管理的实践[M]. 齐若兰，译. 北京：机械工业出版社，2006.

[4] 彼得·德鲁克. 创新和企业家精神[M]. 蔡文燕，译. 北京：机械工业出版社，2012.

[5] 弗雷德蒙德·马利克. 管理技艺之精髓[M]. 刘斌，译. 北京：机械工业出版社，2011.

[6] 彼得·德鲁克. 成果管理[M]. 朱雁斌，译. 北京：机械工业出版社，2008.

[7] 弗雷德蒙德·马利克. 管理成就生活[M]. 李亚，译. 北京：机械工业出版社，2010.

[8] 彼得·德鲁克. 人与绩效：德鲁克论管理精华[M]. 闫佳，译. 北京：机械工业出版社，2018.

[9] 彼得·圣吉. 第五项修炼：学习型组织的艺术与实践[M]. 张成林，译. 北京：中信出版社，2009.

反侵权盗版声明

　　电子工业出版社依法对本作品享有专有出版权。任何未经权利人书面许可，复制、销售或通过信息网络传播本作品的行为；歪曲、篡改、剽窃本作品的行为，均违反《中华人民共和国著作权法》，其行为人应承担相应的民事责任和行政责任，构成犯罪的，将被依法追究刑事责任。

　　为了维护市场秩序，保护权利人的合法权益，我社将依法查处和打击侵权盗版的单位和个人。欢迎社会各界人士积极举报侵权盗版行为，本社将奖励举报有功人员，并保证举报人的信息不被泄露。

举报电话：（010）88254396；（010）88258888

传　　真：（010）88254397

E-mail：dbqq@phei.com.cn

通信地址：北京市万寿路173信箱

　　　　　电子工业出版社总编办公室

邮　　编：100036